やりきれるから自信がつく！

▶ 1日1枚の勉強で、学習習慣が定着！

◎ 目標時間に合わせ、無理のない量の問題数で構成されているので、「1日1枚」やりきることができます。

◎ 解説が丁寧なので、まだ学校で習っていない内容でも勉強を進めることができます。

▶ すべての学習の土台となる「基礎力」が身につく！

◎ スモールステップで構成され、1冊の中でも繰り返し練習していくので、確実に「基礎力」を身につけることができます。「基礎」が身につくことで、発展的な内容に進むことができるのです。

◎ 教科書の学習ポイントをおさえられ、言葉の力や表現力も身につけられます。

▶ 勉強管理アプリの活用で、楽しく勉強できる！

◎ 設定した勉強時間にアラームが鳴るので、学習習慣がしっかりと身につきます。

◎ 時間や点数などを登録していくと、成績がグラフ化されたり、賞状をもらえたりするので、達成感を得られます。

◎ 勉強をがんばると、キャラクターとコミュニケーションを取ることができるので、日々のモチベーションが上がります。

③ アプリに得点を登録しよう。

- アプリに得点を登録すると、成績がグラフ化されます。
- 勉強するとキャラクターが育ちます。

② 答え合わせをしよう。

- 本の最後に、答えとアドバイスがあります。
- 答え合わせをして、「答え」の点数を数えましょう。
- まちがえた問題は、もう一度読んで、答えや考え方が理解できているか確認しましょう。アドバイスは学習に役立ちます。

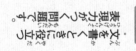

① 1日1枚、集中して解こう。

◎ 1日1枚がめやすです。
◎ 1枚が1回分で、1枚は表と裏です。

◎ 目標時間を意識して使いましょう。
アプリのストップウォッチなどで、かかった時間を計ってもよいでしょう。

- 「かくにんテスト」では、1冊の本の内容が身についたか確認しましょう。

- 「まとめテスト」では、最後に1冊の本の内容を総復習しましょう。

書く力
表現力を育てる、文章を書く問題がカアップに役立ちます。

表 裏

目標時間

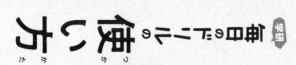

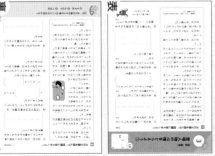

学研の ニューコース 問題集の

使い方

毎日のドリル 勉強管理アプリ

「毎日のドリル」シリーズ専用、スマートフォン・タブレットで使える無料アプリです。1つのアプリで、シリーズすべてを管理でき、学習習慣が楽しく身につきます。

1 「毎日のドリル」の学習を徹底サポート！

毎日の勉強タイムをお知らせする「タイマー」

かかった時間を計る「ストップウォッチ」

勉強した日を記録する「カレンダー」

入力した得点を「グラフ化」

2 キャラクターと楽しく学べる！

好きなキャラクターを選ぶことができます。勉強をがんばるとキャラクターが育ち、「ひみつ」や「ワザ」が増えます。

3 1冊終わると、ごほうびがもらえる！

ドリルが1冊終わるごとに、賞状やメダル、称号がもらえます。

これはやる気がでるっきゅ！

4 漢字と英単語のゲームにチャレンジ！

ゲームで、どこでも手軽に、楽しく勉強できます。漢字は学年別、英単語はレベル別に構成されており、ドリルで勉強した内容の確認にもなります。

アプリの無料ダウンロードはこちらから！

https://gakken-ep.jp/extra/maidori

【推奨環境】
■各種Android端末：対応OS Android6.0以上
■各種iOS(iPadOS)端末：対応OS iOS10以上
※対応OSであっても、Intel CPU (x86 Atom)搭載の端末では正しく動作しない場合があります。
※対応OSや対応機種については、各ストアでご確認ください。

※お客様のネット環境およびご利用の携帯端末にかかわらず、当社は責任を負いかねます。ご利用につきましては自己責任でお願いいたします。
また、事前の予告なく、サービスの提供を中止する場合があります。ご理解、ご了承いただきますよう、お願いいたします。

1 物語［基本］

登場人物の心情をとらえよう①

目標 10分　月　日　得点　点

1 次の文章を読んで、問題に答えましょう。【15点】

　この冬、家族とスキーに行ったかおりは、父と同じ上級コースにちょう戦することにした。父といっしょにリフトに乗ったかおりは、しゃ面がとても急なのを見て、不安になった。

◎　しゃ面が急なのを見たかおりは、どんな気持ちになりましたか。

（　　　　　　　　　　）

「……気持ちになった。」で終わるように書いてね。

2 次の文章を読んで、問題に答えましょう。【35点】

　リフトを降(お)りたかおりは、上級コースにちょう戦したことをひどく後かいした。

　山の頂上(ちょうじょう)から見下ろすしゃ面は、まるで絶ぺきのようだ。㋐足がすくんでしまい、なかなかすべり出すことができない。しかし、仕事でいそがしいという父にたのみこんで連れてきてもらったのだ。㋑今さら引き返すことはできない。

①　リフトを降りたときのかおりの気持ちを表している三字の言葉を書き出しましょう。（10点）

□□□

②　――線㋐からわかるかおりの気持ちに合う記号を、○で囲みましょう。（10点）

ア　くやしくてたまらない。

イ　こわくてたまらない。

ウ　じれったくてたまらない。

③　かおりが――線㋑のように思う理由がわかる一文の、初めの三字を書き出しましょう。（15点）

□□□

クイズ

1 で、スキーに行ったおおかみは、何級コースに挑戦したかな？

① 初級コース　② 中級コース　③ 上級コース

一番最後の
一目に
注目します！

---

4 次の文章を読んで、問題に答えましょう。

　がふもとにたどりついたとき、おおかみはそれでもコツをつかんですべることができるようになった。

　おおかみは、父の手本を見て、少しずつおりていくことにした。無事に下りて、ついに転んで下降りた気もちに立ち向かうようにした。

　きけんを感じたおおかみは、自分が頂上を見上げて、困難にすべりおりたのだ。その方法を運んで、父の手本を思い出しながら、困難にすべり降りるような気もちになった。

① おおかみは、父の手本を見て、どうしようと決心していますか。

[思考] 15点（30）

② おおかみは、父の手本を見て、どうすればよいとわかりましたか。

---

3 次の文章を読んで、問題に答えましょう。

　真横に示すようにすべりおりてくる。おおかみは、父の手本を横にすべりおりるのは困難な方法でコースに気にすべりおりる。

　同じ行を横にすべりおりたとき、それでも言うようにすべりおりてくる百八十どに百八十どの方向を変えて、方向を進み、おおかみは、父の手本を横にすべりおりるのは困難な——

① 父おおかみは、「コ」のようにすべりおりるためには、どのようにすればよいと言っていますか。——線のように、それはどのようにするためですか。

[思考] 10点（20）

② ——線「そのようにするため」とは、父おおかみは、「コ」のようにすべりおりるための初めの四字を書き出しましょう。

（　　　　　　）をくり返す。

登場人物の心情をとらえよう②

1 次の文章を読んで、問題に答えましょう。

一つ10点【20点】

　学校からの帰り道、いつも楽しくおしゃくりをしながら帰るのに、その日のあやさんは、なんだかしずんだ様子でした。
　「どうしたの？　気分が悪いの？」
　私は、心配になって聞きました。
　「ううん……。」
　あやさんは、首をふりながら下を向いています。

◎「私」があやさんのことを心配したのは、なぜですか。

・あやさんが（　　　　　）とちがって、なんだか（　　　　　）様子だったから。

2 次の文章を読んで、問題に答えましょう。

一つ10点【20点】

　「あのね、うちのお父さん、転勤するんだって……。それで、夏休みに引っこしすることになったの。」
　私は、頭の中が真っ白になりました。
　「いやだよ、そんなの！」
　心の中ではそう思いましたが、私は何も言えず、あやさんと別れました。

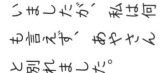

① ——線は、「私」のどんな様子を表していますか。記号を○で囲みましょう。

ア 心細さのあまり、体が縮まっている様子。

イ くやしさのあまり、言葉が出なくなっている様子。

ウ おどろきのあまり、何も考えられなくなっている様子。

② あやさんが言ったことに対する「私」の気持ちがわかる言葉を三字で書きましょう。

クイズ

② で、あやさんが引っこしをするのは、いつかな？
① 春休み　② 夏休み　③ 冬休み

答え ▶ 87ページ

4 次の文章を読んで、問題に答えましょう。　【一つ15点/30点】

なやさんへ
「こんにちは。」
あなたに会えなくなってから、私は元気にしています。あなたは、いかがおすごしですか。
引っこしのにもつをまとめていたら、あなたの手紙を見つけました。あなたの家に向かって、私は積極的にあなたに仕事が着いて、引っこし荷物を書き終えました。
私は力いっぱい笑ってあげました。

① あなたが、友だちへ手紙を書き出す前に、「私」が確実に書き出した四字の言葉を、「私」の手紙から書き出しましょう。

[解答欄]

② ──線の「私」は、あなたに対してどんな気持ちで手紙を書き出しましたか。

[解答欄]

3 次の文章を読んで、問題に答えましょう。　【一つ15点/30点】

私は、幼ち園のときから仲良しだったあやさんと別れてしまいます。夏休みちゅうにあやさんが引っこしてしまうと思ったので、私はあやさんへ手紙を書くことにしました。楽しく過ごせるように、別れの言葉を書いてはいけないと思い、ふつうの手紙を書きました。

① 「私」が、あやさんへ手紙を書いたのは、いつですか。

[解答欄]

② 「私」は、あやさんへどんなことを書いたのですか。

[解答欄]

登場人物の心情をとらえよう③

目標 10分　月　日　得点　点

1 次の文章を読んで、問題に答えましょう。【50点】

　青い麦畑のまん中で、大いそぎで空を見上げた正三（しょうぞう）は、太陽の光がまばゆくて、ちょっと㋐手をかざしてみた。

　すると、ちょうど頭のま上のあんまり高くはないところに飛んでいる一わのひばりが目にはいった。（略）

　そのひばりの飛び方を見ていると、あれだけせわしく羽をうごかさないことには、たちまち、まっさかさまに落ちてしまう、といわんばかりなのだ。

　広い空のなかで、それは小さくなって使えなくなった消しゴムくらいの大きさの、黒い粒（つぶ）となって、いまにも落っこちそうに、たよりなくふるえながらうごいてゆくのだった。

　正三は、その黒い粒をじっと見ている。

（あれは、ひばりの子だ。きょう、はじめて空へ飛び上がったんだ。）

　正三は、㋑そう思った。

（庄野潤三「ザボンの花」『少年少女日本の文学19』〈あかね書房〉より）

① 正三が――線㋐のようにしたのは、なぜですか。（15点）

（　　　　　）

② 正三の目にはいったひばりは、どんな様子でしたか。（10点）

● 羽をうごかしていないと、すぐに（　　　　　）といわんばかりの様子。

③ 正三の目に、ひばりはどんな様子でうごいてゆくように見えましたか。（15点）

● 黒い粒となって、（　　　　　）

④ ㋑「そう思った」の内容がわかる部分に、――線を引きましょう。（10点）

「黒い粒」に対して思ったことだよ。

クイズ
① で、正三の頭の上を飛んでいったのは何かな？
ア すめ
① すめ
② ひばり
③ こじめ

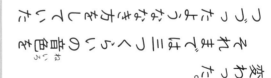

2 次の文章を読んで、問題に答えましょう。

正三は向きを変えて走り
出した。今度はいきなり
大いそぎで地面に向かっ
て──直線によちよちと空
から落ちてくるのが、黒い粒へふくらんで
　　　（略）

それを見て正三が「おや？」と聞いていると、その音色をきかせてくれるような音色を

ひばりはますますへんてこな声の調子を

ひばりはだんだん落ちるらしい。「ひばらはだんだん落ちてくる、と思われるように、その音色を

ひばりはそれきりまた音色をかえてきた。その時、正三は、はっと思われた。ひばりが、落ちてくるのだから

ひばりは、そのたびに、それきり音色をかえてひへんてこな声の調子が、どんどんへんてこな声の調子が、

「ひばりが落ちてくるらしい。」

① ひばりが死にものぐるいで鳴いている様子がわかる一文を、書き出しましょう。

_____

② 「ひばりの声の調子」は、それまでとどんなふうに変わりましたか。

（　　　　　　　　）だったのが、

（　　　　　　　　）に

変わりました。

③ 空に引いた線のように消えていったひばりを、正三は最後にどのように見ましたか。

_____

④ 正三は、ひばりの行動をどんなふうに見て、心配していますか。

_____

（正野薫『少年少女日本の文学19』）
あおの・すえこ「花のいのち」より

答え ▶ 87ページ

登場人物の心情をとらえよう④

1 次の文章を読んで、問題に答えましょう。

【50点】

正三が、ひばりの子の落ちた場所に行ってみると、不意に石が飛んで来た。ひばりをねらって、男の子が石を投げているのだ。

「こらあ！　石を投げるなあ。」

男の子は、こちらを見た。だまって、じっと正三のほうを見ている。

（略）

ふたりは、にらみ合ったまま、少しずつ近づいて行った。

ちらとしばぶ地のほうを見ると、ひばりの子は石が飛んで来たのに、べつにびっくりしたようすもなく、のろのろと肥の土を歩いている。

*肥…肥料。

ひばりの子に石を投げつけるなんて、なんというひどいことをするやつだろう。

もしもまともに当たったら、どうするのだ。せっかく生まれてはじめて空く飛び上がって、あんなに高いところまで上がることができたというのに。

<u>正三は、とてもふんがいしたのである。</u>

（庄野潤三「サボテンの花」『少年少女日本の文学19』（あかね書房）より）

① 正三と男の子は、どんな様子で近づいて行きましたか。　（10点）

・（　　　　　　　　　　）、
少しずつ近づいて行った。

② ひばりの子の様子は、どうでしたか。記号を〇で囲みましょう。　（10点）

ア　とてもこわがっている。
イ　べつだん変わったところがない。
ウ　なんとなくきげんが悪い。

③ 正三は、男の子のことを、どう思っていますか。十八字で書き出しましょう。　（15点）

④ ――線の理由がわかるひと続きの二文を見つけ、一つ目の文の初めの三字を書き出しましょう。　（15点）

「ふんがい」は、激しく腹を立てることだよ。

11

2 次の文章を読んで、問題に答えましょう。

一つ10点【50点】

［正三（しょうぞう）は、ひばりの子に石を投げつけてきた少年と対立する。近づいてきた少年に、正三はとっさに、ひばりの子は自分のものだという。］

「なに？ おまえのひばりだと。」

「そうだ。あれは、ぼくが飼ってるひばりの子だ。らんぼうなことはしないでくれたまえ。」

㋐相手は、おどろいて正三の顔を見た。

「おまえのひばりだと？」

相手の少年は、あきれたようにいった。

「うん。あれは、ぼくのひばりなんだ。」

断固としてそういうと正三は、ゆっくりとしばふのほうを見て、どうやらひばりの子はそのあいだに麦畑にぶじに帰ったことをたしかめると、㋑さっさと家のほうへ引き返した。

敵（てき）は正三のあとを追っかけて来るかと思ったが、「ちえっ。でたらめいってやがる。」といっただけで、向こうへ行ってしまった。

正三は、ほっとした。

（庄野潤三「ザボンの花」『少年少女日本の文学19』〈あかね書房〉より）

① ——線㋐のようだったのは、なぜですか。

・正三が、（　　　　）を
自分が（　　　　）
といったから。

② 強い決意で相手に立ち向かっているる正三の様子をよく表している、五字の言葉を書き出しましょう。

［　　　　　］

③ 正三が——線㋑のようにしたのは、何がわかったからですか。

（　　　　　）

④ その場を切りぬけた正三の気持ちがわかる言葉を五字で書き出しましょう。

［　　　　　］

「敵」が追っかけて来ないことがわかったときの気持ちだね。

クイズ

1で、ひばりの子は、何の上を歩いていたかな？

① 肥（こえ）の上　② 石の上　③ しばふの上

答え ▶ 87ページ

情景を読み取ろう①

1 次の文章を読んで、問題に答えましょう。 【15点】

春は、自転車に乗ってやってくる。新しい運動ぐつにひもを通しながら、はるみはそう思う。

はるみの学校では、雪のある間、自転車が禁止されている。今日は、いよいよその解禁日だ。

◎ 道路の雪がとけたことがはっきりわかる一文を、書き出しましょう。

［　　　　　　　　　　　　　　　　　　　　　　　］

雪のある間は、「自転車が禁止」なんだよ。

2 次の文章を読んで、問題に答えましょう。 【35点】

運動ぐつはみように軽い。重い冬ぐつに慣れた足に、

チェーンを外すのもどかしく、はるみは物置から自転車を引っ張り出す。よごれやさびを落とし、油を差す。サドルの位置を、少し高くする。

思い切りペダルをこいで、空気のつまったタイヤが、かわいた地面を、小気味よいからやかな音を立てて回り出す。

① 自転車を一刻も早く出そうとしている様子がわかる表現を、十四字で書き出しましょう。 (15点)

② 自転車に乗る前に、サドルの位置をどうしましたか。 (10点)

（　　　　　　　　　　　　　　　　　　　　　　）

③ 自転車をこぎ始めたとき、タイヤはどんな音を立てましたか。 (10点)

（　　　　　　　　　　　　　　　　　　　　　　）

3 次の文章を読んで、問題に答えましょう。

一つ10点【20点】

　はるみは、風を切って自転車をこぎ、小川まで行ってみた。
　川原は、地面にたおれてからみ合った、色のぬけたかれ草におおわれていた。かれ草の間をぬって、まぶしい黄緑色の草の芽が、固い針（はり）のように飛び出している。

① 川原をおおう——線のものは、どんな状態でしたか。

（　　　　　　　　）ていた。

② かれ草の間から出ている草の芽の様子を、何にたとえていますか。

（　　　　　　　　）

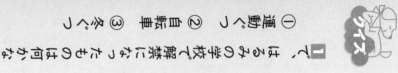

4 次の文章を読んで、問題に答えましょう。

一つ10点【30点】

　日かげになった所に、うすぎたなくとけ残った雪のかたまりがあるのを、はるみは見つけた。
　㋐「ここだけは、まだ春が来ていないわ。」
　自転車のタイヤでその雪をふむと、□とくだけ、白い小さなつぶが日の光を受けてかがやく。雪のとけた水が土にしみて、春のにおいが立ちのぼる。
　はるみは再び道路に出た。㋑自転車が去ると、アスファルトの上にぬれたタイヤのあとが残った。

① はるみが、——線㋐のように思ったのは、日かげになった所に何を見つけたからですか。

（　　　　　　　　）

② □に合う最も適切な言葉を選び、記号を○で囲みましょう。

ア　きらきら　　イ　シューッ
ウ　ザリザリ

③ ——線㋑とありますが、タイヤは何でぬれていたのですか。六字で書き出しましょう。

□□□□□□

クイズ

[1]で、はるみの学校で解禁になったものは何かな？

① 運動ぐつ　② 自転車　③ 冬ぐつ

答え ▶ 88ページ

情景を読み取ろう②

目標 10分　　月　　日　　得点　　点

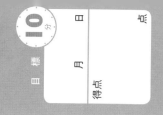

1 次の文章を読んで、問題に答えましょう。

一つ10点【40点】

「五月。かにの兄弟が、谷川の底にいる。」

魚がまたツウともどって下流のほうへ行きました。

「クラムボンはわらったよ。」

「わらった。」

※クラムボン…作者が作った言葉。

にわかにパッと明るくなり、㋐日光の黄金は夢のように水のなかに降ってきました。

波からくる光の網が、底の白い岩の上で㋑美しくゆらゆらのびたりちぢんだりしました。あわや小さなごみからはまっすぐなかげの棒が、ななめに水のなかにならんで立ちました。

魚がこんどは㋒そこらじゅうの黄金の光をまるっきりくちゃくちゃにして、おまけに自分は鉄いろにへんに底びかりして、また上流のほうへのぼりました。

「お魚はなぜああ行ったり来たりするの。」

おとうとのかにがまぶしそうに目を動かしながらたずねました。

（宮沢賢治「やまなし」『新装版・宮沢賢治童話全集２』〈岩崎書店〉より）

① ――線㋐が表している様子を選び、記号を〇で囲みましょう。

ア　金色の粉が、水中に落ちてきた。
イ　日光が、水面でキラッと光った。
ウ　日光がゆれながら、水中に差しこんできた。

② ――線㋑のようになったのは、なぜですか。記号を〇で囲みましょう。

ア　川の水面が波立っているから。
イ　川のなかがよごれているから。
ウ　川底の岩が動いているから。

③ ――線㋒は、魚のどんな様子を表していますか。記号を〇で囲みましょう。

ア　水の流れに身をまかせている。
イ　激しく動いている。
ウ　水底にじっとしている。

④ 魚の体の様子の不気味さを感じさせる表現を、文章中から十三字で見つけ、――線を引きましょう。

魚の体の様子を表している部分に注意してね。

2 次の文章を読んで、問題に答えましょう。

そのお魚がまた上流からもどってきました。こんどはゆっくり落ちついて、ひれも尾も動かさず、ただ水にだけ流されながらお口を環のようにまるくしてやってきました。そのかげは黒くしずかに底の光の網の上をすべりました。

「お魚は……。」

そのときです。にわかに㋐天じょうに白いあわがたって、青びかりのまるでぎらぎらする鉄砲だまのようなものが、いきなり飛びこんできました。

にいさんのかにははっきりと㋑その青いもののさきがコンパスのように黒くとがっているのも見ました。と思ううちに、魚の白い腹がぎらっと光って一ぺんひるがえり、上のほうへのぼったようでしたが、それっきりもう青いものも魚のかたちも見えず光の黄金の網はゆらゆらゆれ、あわはつぶつぶ流れました。

〈宮沢賢治「やまなし」『新装版・宮沢賢治童話全集2』〈岩崎書店〉より〉

一つ15点【60点】

① 川の中の様子が急に変わるのは、どの段落からですか。初めの四字を書き出しましょう。

② ――線㋐とは、どこのことですか。記号を○で囲みましょう。

ア 川底　イ 青空
ウ 川の水面

③ ――線㋑のものが飛びこんできたときの様子を、たとえを使ってくわしく表している部分を書き出しましょう。

④ それっきり見えなくなった魚は、どうなったと考えられますか。記号を○で囲みましょう。

ア 上流の方へ泳いでいった。
イ 勢いよくにげていった。
ウ 青いものに連れ去られていった。

魚は、青いものといっしょに姿が見えなくなったね。

クイズ

1で、おとうとのかにが疑問に思っていることは何かな？

① 魚の行動　② 光の網　③ クラムボン

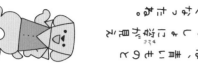

答え ▶ 88ページ

1 次の文章を読んで、問題に答えましょう。 一つ10点【50点】

〔十二月。冬の夜の谷川の底。〕

　かにの子どもらはもうよほど大きくなり、底の景色も夏から秋の間にすっかり変わりました。

　白いやわらかな円石もころがってき、小さなきりの形の水晶の粒や、金雲母＊（きらら）のかけらもながれてきてとまりました。

　そのつめたい水の底まで、ラムネのびんの月光がいっぱいにすきとおり、天井では波が青じろい火を、燃したり消したりしているようで、あたりは□していた。だいかにも遠くからというように、その波の音がひびいてくるだけです。

　かにの子どもらは、あんまり月が明るく水がきれいなので、ねむらないで外に出て、しばらくだまってあわをはいて天井の方を見ていました。

（宮沢賢治「やまなし」『新装版・宮沢賢治童話全集２』（岩崎書店）より）

① 冬の季節や夜の感じがよく表れている言葉を二つ選び、記号を○で囲みましょう。

　ア　かにの子どもら

　イ　波の音

　ウ　つめたい水の底

　エ　青じろい火

② ──線が表している様子を選び、記号を○で囲みましょう。

　ア　波が月の光をゆらして、不気味な様子。

　イ　波が月の光を通したりさえぎったりする、美しい様子。

　ウ　水面が燃えるようにかがやく、あたたかみのある様子。

③ □に合う言葉を選び、記号を○で囲みましょう。

　ア　しんと　　イ　ざわざわと

　ウ　きらきらと

④ かにの子どもらがねむらないでいたのは、なぜですか。

2 次の文章を読んで、問題に答えましょう。 【50点】

かげぼうしの黒く静かに底に落ちていました。その横あるきはいよいよはっきりして、やまなしのまるい影を追いました。

まもなく水はサラサラ鳴り、天井の波は青白い火を、燃やしたり消したりしているよう。その火の粉のようなかげは、底の黒い三つのかげ法師と、合せて六つおどるようにして、やまなしのまるい影を追いました。

まもなく水はサラサラ鳴り、天井の波はいよいよ青白いほのおをゆらゆらと上げました。

やまなしは横になって木の枝にひっかかってとまり、その上には月光のにじがもかもか集まりました。

「どうだ、やっぱりやまなしだよ、よく熟している、いい匂いだろう。」

「おいしそうだねえ、お父さん。」

「待て待て。もう二日ばかり待つとね、こいつは下へ沈んでくるぞ。それから、ひとりでにおいしいお酒ができるから。さあ、もう帰ってねよう。おいで。」

親子のかには三びき自分らの穴に帰って行きます。

波はいよいよ青白いほのおをゆらゆらと上げ、キラキラッと黄金のぶちが光りました。

（宮沢賢治「やまなし」より）
（宮沢賢治「やまなし」『新装版・宮沢賢治童話全集2』）

① ——線㋐とありますが、何でしたか。四字で答えましょう。（15点）

② ——線㋑とありますが、どんな子どもだと思いますか。記号を○で囲みましょう。（10点）
ア 近寄るのは危ないから、危険を○でかこもうと思っている子。
イ ○○してほしいとあまえる○○○の子。
ウ ○○が○○だと思い、不思議な存在としてとらえている子。

③ ——線㋒は、どのように流れて行きましたか。合うものの記号を、○で囲みましょう。（10点）
ア 底から水面にうかびあがるように流れた。
イ 水面から底にしずむように流れた。
ウ 底を転石から石にぶつかりながら流れた。

④ ——線㋓は、どのように流れていくのですか。水の底に映っているものは、何のことですか。（15点）

8 かくにんテスト①

名前

目標 15分　　月　日　　得点　　点

1 次の文章を読んで、問題に答えましょう。【40点】

「丘の上に、一本のいちょうの木が立っています。」

いちょうの実は、みんないちどに目を覚ましました。㋐そしてドキッとしたのです。今日こそは、たしかに旅立ちの日でした。（略）

「そうだ。忘れていた。ぼく、水とうに水をつめておくんだった。」

「ぼくはね、水とうのほかに、はっか水を用意したよ。少しやろうか。旅へ出て、あんまり心持ちの悪いときは、ちょっと飲むといいって、おっかさんが言ったぜ。」

「なぜおっかさんは、ぼくへはくれないんだろう。」

「だから、ぼくあげるよ。おっかさんを悪く思っちゃ、すまないよ。」

そうです。このいちょうの木は、お母さんでした。

今年は、㋑千人の黄金色の子どもが生まれたのです。

そして今日こそ、子どもらがみんないっしょに旅に立つのです。お母さんは、それをあんまり悲しんで、おうぎ形の黄金のかみの毛を、昨日までにみんな落としてしまいました。（宮沢賢治「いちょうの実」『セロ弾きのゴーシュ・宮沢賢治童話集』〈偕成社〉より）

① みんなが――線㋐のようだったのは、なぜですか。（10点）

・今日が［　　　　　］だったから。

② 会話の様子から、どんなことがわかりますか。記号を○で囲みましょう。（15点）

ア　自分のことばかり、気にかけている。

イ　おたがいにやさしく気づかっている。

ウ　お母さんに対してみんなが腹を立てている。

③ ㋑「千人の黄金色の子ども」とは、何のことですか。六字の言葉を書き出しましょう。（15点）

［　　　　　　］

2 次の文章を読んで、問題に答えましょう。

【一つ15点【60点】

東の空が白く燃え、ユラリユラリとゆれ始めました。㋐おっかさんの木は、まるで死んだようになって、じっと立っています。

突然、㋑光のたばが黄金の矢のように、いちどに飛んできました。子どもらは、まるで飛び上がるくらい、かがやきました。

北から、氷のように冷たいすきとおった風が、ゴーッとふいてきました。

「さよなら、おっかさん。」

「さよなら、おっかさん。」

子どもらは、みんないちどに、雨のように枝から飛び下りました。

北風が笑って、

「今年もこれでまず、さよならさよならっていうわけだ。」

と言いながら、冷たいガラスのマントをひらめかして、向こうへ行ってしまいました。

お日さまは、燃える宝石のように東の空にかかり、㋒あらん限りのかがやきを、悲しむ母親の木と、旅に出た子どもらとに投げておやりなさいました。

（宮沢賢治「いちょうの実」『セロ弾きのゴーシュ・宮沢賢治童話集』〈偕成社〉より）

[書く力] ① お日さまが出てくる様子を表している一文を書き出しましょう。

② 線㋐から、「おっかさん」のどんな気持ちがわかりますか。記号を〇で囲みましょう。

ア 不安をおしかくしている。
イ 悲しみにじっとたえている。
ウ 幸せをかみしめている。

③ 線㋑は、どんな様子を表していますか。記号を〇で囲みましょう。

ア 一すじの光がおっかさんの木に真っすぐ当たっている様子。
イ 朝日が辺りをうっすらと照らしている様子。
ウ 朝の光がおっかさんの木に強く当たっている様子。

④ お日さまの「㋒あらん限りのかがやき」を、何にたとえていますか。

答え ▶ 88ページ

目標 10分

月 日 点

得点

---

1 次の文章を読んで、問題に答えましょう。

一つ10点【20点】

オリンピックで最高のメダルといえば金メダルです。

王様のかんむりも金でつくられたように、金は最高の地位や財力を示す金属とされてきました。

□□、金は、金貨として社会のしくみを支える通貨の役目も果たしてきたのです。

① この文章の話題は何ですか。次の□に合う漢字一字の言葉を書きましょう。

・ ☐ について。

② □□に合う言葉を選び、記号を○で囲みましょう。

ア それとも　　イ また

ウ しかし

---

2 次の文章を読んで、問題に答えましょう。

【25点】

①水晶は、石英という鉱物の結晶のうち、目で見えるほど大きなものをいいます。ガラスのようにすきとおって、六角柱の形をしているものが多く、アクセサリーや美術品など、昔から貴重なものとしてあつかわれてきました。

②水晶はクリスタルともいわれ、その言葉は「水」を意味するギリシャ語のクリスタロスが語源になっています。古代ギリシャ人は、美しい水晶を水が石になったものと考えていました。

① 1 の段落に書いてある順に、1～3の番号をつけましょう。

全部できて（15点）

（　） 水晶はどのようにあつかわれてきたか。

（　） 水晶の性質や形について。

（　） 水晶とは、どういうものの ことをいうのか。

三文目の内容は 二つに分かれるよ。

② 2 の段落は、何について書いてありますか。 (10点)

・ 水晶の別名（　　　　　　　）

という言葉の語源について。

4 次の文章を読んで、問題に答えましょう。

1 水中に入るときは、背中の羽の間にある空気を取り入れ、水面に上がるとその空気を吸って呼吸している。

2 ゲンゴロウは、水中にいるときはおしりを水面に出して呼吸する。ゲンゴロウのおしりには、体内に空気を取り入れるための気門と呼ばれる穴があいているためである。また吸い込むための穴があいているためである。

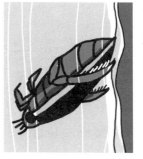

⑴ 1 の段落と、2 の段落はどのような関係になっていますか。次から選んで、記号を○で囲みましょう。 [30点]

ア 1 の段落の内容の例を、2 の段落で示している。

イ 1 の段落の内容を、2 の段落でくわしく説明している。

ウ 1 の問題の答えを、2 の段落で示している。

⑵ 「気――線「空気」とありますが、ゲンゴロウは、どこに空気をためているのですか。

（　　　　　　　）に上がって、（　　　　　　　）にためている。

3 次の文章を読んで、問題に答えましょう。 [25点]

ゲンゴロウは卵の形をしていて、水中で泳ぐのにつごうのよい体をしています。水をかく力をあたえてくれるためです。うしろのあしが水をかくのにつごうよくなっているため、水の中をすいすいと泳げます。ゲンゴロウが生まれた後にすみかとなる水の中をすいすいと泳げます。

⑴ 問題を提示している文に——線を引きましょう。 [15点]

⑵ ゲンゴロウが水中を泳げるとあるが、その事が水中を泳げる理由として挙げられるのは、——線のどちらですか。 [10点]

（　　　　　　　）

昔は「たにし」そのものは「たにし」なのだが……と言いかえられる。

文章の構造をとらえよう②

1 次の文章を読んで、問題に答えましょう。 【48点】

１ 岩石は、できた方によって、火成岩、たい積岩、変成岩の三つに大きく分類できます。

２ 火成岩は、どろどろにとけた状態のマグマが冷え固まってできた岩石です。マグマがふき出した地表面や、地表近くの地下で急速に冷え固まった火山岩と、地下深くでゆっくり冷え固まった深成岩とに分けられます。

３ たい積岩は、砂やどろ、火山灰などが海や川、湖の底などに積み重なって地層になり、上の地層の重みで固まってできた岩石です。たい積岩には、流れる水のはたらきでできた岩、砂岩、でい岩、火山からふき出した火山灰からできたぎょう灰岩、生物の死がいなどからできた石灰岩やチャートなどがあります。

４ 変成岩は、火成岩やたい積岩が地中深くで高熱や大きな圧力を受けて、性質が変化してできた岩石です。

① この文章の話題は何ですか。□に二字の言葉を書き出しましょう。 (5点)

● でき方による □□□ の分類。

② 火成岩は、何と何とに分けられますか。 一つ5点(10点)

● (　　　　　　　) と (　　　　　　　)。

③ たい積岩には、どんなものがありますか。文章に出てくる順に、六つ書き出しましょう。 一つ3点(18点)

(　　　　　　　) (　　　　　　　)

(　　　　　　　) (　　　　　　　)

(　　　　　　　) (　　　　　　　)

④ 火成岩やたい積岩の性質が変化してできた岩石は何ですか。 (5点)

(　　　　　　　)

⑤ 上の文章を二つの大きな段落に分けると、どこで分けられますか。／の記号を一か所に入れましょう。 (10点)

1　　2　　3　　4

答え ▶ 89ページ

2

ア V字谷の地形が見られるのは、どこかな?
① 上流
② 中流
③ 下流

---

2 次の文章を読んで、問題に答えましょう。

1 川の様子は、流れている場所によって、いろいろと変わってきます。

2 山間部の川の様子です。流れが急な山間部の上流では、川が両岸の岩をけずって、V字谷とよばれる地形が見られます。川原には、大きな割れ落ちた岩が見られ、角ばった大きな石が多くあります。

3 山間部から見られる角ばった石は、川原をころがるうちに、石どうしがぶつかったりして、だんだんけずられていきます。川底や川岸にあった大きな石も、下流へと運ばれていき、上流より小さく、角のとれた石が多くなります。

4 石のとがった角がとれて、小さく丸くなり、運ばれて下流にきたころには、石はもっと小さく丸くなります。川原も平地の多い地形へと見られて広くなり、石や川底にあった丸い石がしきつめられ、中流は、上流と下流の間の様子が見られるようになり、大雨のときなどに、水量がふえると川底や川原がけずられ、転がり広がっていきます。

問題

① 川は、流れている場所によって、どのような様子がちがうのですか。川の様子は何によってちがうのですか。 （10点）

② 川の上流・中流・下流に運ばれて、川原やがけに合うように、上流・中流・下流の川はどのような様子ですか。 （10点）

---

③ 次の（ ）にあてはまる言葉を、文章から書き出しましょう。 （8点×4 32点）

	上流	中流	下流
川はば	せまい（ ア ）	上流よりだんだん（ イ ）なる。	広くなる。
石の様子	角ばった大きな石が多い（ ウ ）	上流より丸みをおびてくる（ オ ）	小さく丸い石が多い。川原や川底に（ エ ）

---

④ 次の文章を、上流・中流・下流の三つの大きな段落に分けると、どこで分けられますか。分ける所の上の記号を、□に入れましょう。 （10点）

1 □
2 □
3 □
4 □

11 説明文［標準］
文章の構造をとらえよう③

目標 10分　月　日　得点　点

1 次の文章を読んで、問題に答えましょう。【50点】

胃は、胃液を出してたんぱく質を消化する器官である。では、㋐たんぱく質でできている胃そのものは、なぜ胃液で消化されてしまうことがないのだろうか。

㋑それは、胃の内側がねんまくでおおわれているからである。

㋒ねんまくから出るねん液の層が、胃を胃液から保護するのだ。

㋓このねんまくは、数日間ではがれ落ち、新しい細ぼうが再生される。［　　］、ストレスなどでこのねんまくの再生がうまくいかないと、胃が胃液によって消化され、胃かいようという病気になってしまう。

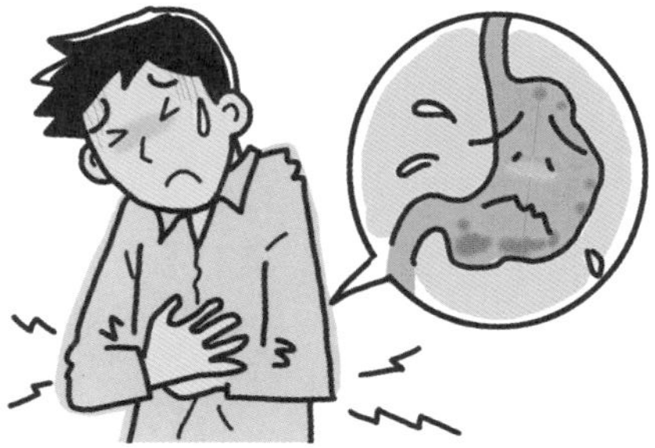

① ——線㋐の疑問は、どんな事実を受けて出されたものですか。(20点)

・胃は、

［　　　　　　　　　　］

という事実。

② ——線㋑の文と——線㋒の文のつながりは次のどれですか。記号を○で囲みましょう。(10点)

ア　㋒が㋑を打ち消している。

イ　㋒が㋑の例を示している。

ウ　㋒が㋑の補足をしている。

二つの文で、——線㋐の疑問に答えているよ。

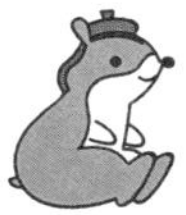

③ ——線㋓の現象をまとめた言葉を、このあとの部分から七字で書き出しましょう。(10点)

［　　　　　　　］

④ ［　］に合う言葉を選び、記号を○で囲みましょう。(10点)

ア　なぜなら　　イ　ところが

ウ　また

2 次の文章を読んで、問題に答えましょう。 【50点】

燃料としてよく使われていた木炭は、石油やガスが広まるにつれ、家庭では使われなくなりました。最近では、料理店が食べ物を炭火で焼いたり、バーベキューで木炭が使われたりしています。

木炭は、燃料以外にも㋐いろいろな使い道があります。

一つめは、㋑おいしい水を作ることです。木炭には無数の細かい穴が空いています。これがフィルターの役割をして、水の不純物を吸い取ります。

二つめは、いやなにおいを取ることです。木炭の無数の細かい穴は、いやなにおいを吸い取ります。

三つめは、湿度を調整することです。湿気の多いところでは湿気を吸い取り、逆に少ないところでは湿気を放出します。

四つめは、花や野菜を長持ちさせることです。花びんや冷蔵庫に入れておくと水をきれいにし、野菜の老化ガスを吸収してくれます。

このように、木炭は、さまざまな使われ方をしているのです。

① 家庭で木炭が使われなくなったのは、どんなことが原因ですか。 (15点)

[　　　　　　　　　　　　]

② ――線㋐「いろいろな使い道」をまとめます。(　　)に合う言葉を書きましょう。 一つ5点(15点)

- おいしい水を作る。
- (　　　　)を取る。
- 湿度を(　　　　)。
- 花や野菜を(　　　　)。

③ ――線㋑のことができるのは、なぜですか。 一つ5点(10点)

- 木炭の(　　　　)が、(　　　　)の役割をして、水の不純物を吸い取るから。

④ 文章をまとめている文を見つけ、初めの五字を書きましょう。 (10点)

[　　　　　]

クイズ

1 で、胃の内側は何でおおわれているのかな？

① 胃液　② ねんまく　③ たんぱく質

答え ▶ 89ページ

12 説明文［標準］

文章の構造をとらえよう④

目標 10分　　月　日　得点　　点

[1] 次の文章を読んで、問題に答えましょう。【45点】

　果実のなかには、成熟してかわくと、まるで銃のようにタネの弾丸を飛ばすものがあります。かわいたさやが反り返ったりねじれたりする力で、勢いよくタネを飛び出させるのです。飛び出したタネは、障害物さえなければ数メートル、ときには数十メートルも先まで飛んでいきます。そんな果実は、動物や風などの助けがなくとも㋐タネを自分の力で分散させるのです。

（略）

　子を近くにおいて成長を見守るほ乳動物や鳥類などの動物の親と、タネを少しでも遠くへとはじきとばす植物の親。㋑わが子のあつかいがずいぶんちがっているようにみえます。独り立ちするまでえさをあたえ、世話をすれば、子はすこやかに大きく成長することができるはずです。ではなぜ植物は、あえてわが子を自分から遠ざけようとするのでしょうか。

〈鷲谷いづみ「タネはどこからきたか？」〈山と溪谷社〉より〉

① ――線㋐とありますが、「自分の力」とは、具体的にはどのような力ですか。二十一字で書き出しましょう。（10点）

② ――線㋑とありますが、(1)動物の親と、(2)植物の親は、それぞれどのようにわが子をあつかうのですか。一つ10点（20点）

(1)

(2)

③ 後半の文章（（略）のあと）で、新たに問題提示をしているのはどんなことですか。その文の初めの四字を書き出しましょう。（15点）

2 次の文章を読んで、問題に答えましょう。【55点】

静かな秋の野原に、㋐パンパンパンと小気味よい音がひびいています。それはヤブツルアズキやツルマメのさやがはじけ、弾丸(だんがん)のように勢いよく飛び出した豆がかれ葉にあたる音です。晩秋(ばんしゅう)のすんだ空気が豆のさやをほどよくかわかしたときが、タネたちの旅立ちの時です。

（略）

では、障害物(しょうがいぶつ)がないとしたら、タネはどのくらい遠くまで飛んでいくのでしょうか。それはつぎのような㋑簡単(かんたん)な実験で調べることができます。雑木林の日だまりから、ほどよく実がかわきはじめたスミレ類の花茎(かけい)*を一本取ってきて、ビンにさし、体育館など屋内の広い空間のまんなかに立てておきます。そのまわりにはスプレーのりをうすくぬった新聞紙をしきつめます。そして数日後、さやがすっかりはじけたころあいを見計らい、新聞紙についているタネをさがして、ひとつひとつスミレを立てておいた中心からのきょりを測るのです。

＊花茎…花をつけるくき。

（鷲谷いづみ「タネはどこからきたか？」〈山と溪谷社〉より）

① ――線㋐は、何の音ですか。一つ10点（20点）

（　　　）がはじけ、勢いよく飛び出した豆が（　　　）音。

② ヤブツルアズキやツルマメがタネを旅立たせるのは、どんなときですか。記号を○で囲みましょう。（10点）

ア　強い風がふいたとき。
イ　さやがほどよくかわいたとき。
ウ　気温が下がり空気がすんだとき。

③ ――線㋑「簡単な実験」で調べることができるのは、どんなことですか。（15点）

④ ――線㋑「簡単な実験」のやり方が書いてある部分を見つけ、初めと終わりの三字を書きましょう。両方できて（10点）

［　　　］～［　　　］。

答え ▶ 89ページ

クイズ

1で、タネが勢いよく飛び出す様子を何にたとえているかな？

①風　②動物　③弾丸

1 次の文章を読んで、問題に答えましょう。 【10点】

　都会のビルや地下街のかべやゆかなどを注意深く見ると、不思議な形をしたものがあることがあります。これはアンモナイトやにしなどが化石となったものです。

◎ ——線「これ」とは、何を指していますか。

• ビルや地下街のかべやゆかにある

						。

2 次の文章を読んで、問題に答えましょう。 一つ10点【40点】

　化石とは、大昔に生きていた動物や植物の死がいなどが地中にうまり、その形が岩石の中に残されたものです。どうして都会のいろいろな場所で化石を見つけることができるのでしょうか。それは、化石が入った石材である大理石が、デパートや大きな駅、銀行などの建物の中のかべやゆかなどに使われていることがあるからです。

① 「化石」とは、どんなものですか。

• 大昔の（　　　　　　　　）の死がいが地中にうまり、その形が（　　　　　　　　）に残されたもの。

② 都会のいろいろな場所で「化石」が見つかるのはなぜですか。

• 建物に（　　　　　　　　）が入った石材である（　　　　　　　　）が使われているから。

「それ」は直前の文の内容を指すよ。

答え ◎ 90ページ

クイズ

② 化石が見つかるのは何の中からかな？

① 動物　② 植物　③ 岩石

---

4 次の文章を読んで、問題に答えましょう。

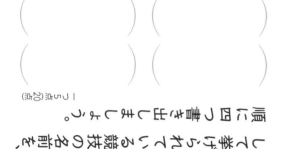

これらの競技は短きょり走、はばとび、円ばん投げ、やり投げなどで、競技が行われた場所（ア）は、古代の競技場で行われた。その長さは約二百メートルである。神にささげられた競技は全て男性で、個人競技で、これらの競技はすべて市民権を持つことが許された男性だけに許された。

① ──線（ア）「その場所」とは、どこを指しますか。　【30点】

〔　　　　　　　　　　　　　　　　　　　　　〕

② ──線（イ）「これらの競技」とは、どのような競技ですか。四つ挙げられているその競技の名前を順に書き出しましょう。
1つ5点（20点）

（　　　　　）（　　　　　）

（　　　　　）（　　　　　）

---

3 次の文章を読んで、問題に答えましょう。

古代オリンピックは、ギリシャのオリンピアという地中海に面した場所で行われていたといわれている。紀元前七七六年に行われた古代オリンピックが、記録に残っている古代オリンピックとしては最も古いといわれている。紀元三九三年に行われたものが、古代オリンピックとしては最後といわれている。古代オリンピックは、神にささげられた祭典として開かれていた。

① 古代オリンピックは、どこで行われていたといわれていますか。
1つ10点（20点）

（　　　　　　　　　　　　　）

② 古代オリンピックは何年に行われたものが最も古いといわれていますか。また、古代オリンピックは、どのような祭典として行われていたといわれていますか。

〔　　　　　　　　　・　　　祭典〕

1 次の文章を読んで、問題に答えましょう。

一つ10点【50点】

　虫のはねについて、くわしく見てゆくことにしましょう。

　いちばん原始的なのは、トンボたちのはねです。縦横に走る細かな脈が、とうめいなまくを支えています。トンボはこの四枚のはねを、一枚ずつ別々に動かして飛んでいます。

　　1　、できるだけ速く、小回りのきく飛び方をするには、はねは四枚では多すぎるのだそうです。

　　2　、ハチなどの虫では、左右二枚ずつあるはねの、上ばねと下ばねの重なる部分に、ファスナーのような仕組みがあり、飛ぶとき㋐に上ばねと下ばねがくっついて、一枚のはねとして動かせるようになっています。

　さらにくチやアブ、カの仲間では、四枚のはねのうち二枚の下ばねがなくなって、左右に一枚ずつ、上ばね㋑これが残っているだけです。実は、これが飛ぶためにいちばん都合のいい枚数なのだということです。

（澤口たまみ「虫は小さな天使たち」
『話のつくり箱』〈学研プラス〉より）

① トンボたちのはねの様子を説明している一文を見つけて、初めの五字を書き出しましょう。

[　　　　　　　　　]

② 　1　・　2　に入る言葉の組み合わせとして、正しいものの記号を○で囲みましょう。

ア 1 すると　2 しかし
イ 1 また　　2 そして
ウ 1 でも　　2 そして

③ ──線㋐のようにできる仕組みを、何にたとえていますか。

（　　　　　　　　　）

たとえるときの言葉を見つけてね。

④ ──線㋑「これ」は、はねの枚数がどのようになっていることを指しますか。

・三枚の（　　　　　　）がなくなって、左右に一枚ずつの（　　　　　　）が残っていること。

2
① 果　② はね　③ エ
ア、イがちがって持っていないのは、何かな?

---

2 次の文章を読んで、問題に答えましょう。　1つ10点【50点】

「飛行アリ」という飛行をするアリがいます。

空を飛ぶものを持っていないアリが、とつぜんはねを持って、空高くまで新しいアリが生まれるために飛びます。

女王アリと、おすアリは、たまごを産むために飛びたちますが、はたらきアリは、えさを集めたり仕事をしたりするアリですが、それは一度だけです。

後になってはねがはえて、空中で行う飛行をするようになります。それが、女王アリになるたまごを産むために飛びたちます。

そのアリたちが飛びたつ日は、三時から三時ごろと決まっていますが、その時から、むしあつくてわくわくするような日です。

その日は、ほとんどが雨が降ったあとの場合、文尾をするために王アリをさがし、けっこんの飛行をするためにえさを集めて飛ぶのです。

（略）

---

① ──線ア「それ」の指す言葉を、文章中から見つけて、「〜こと。」に合う言葉を書きましょう。

　アリが、一生に一度だけ、（　　　　　）ようになること。

② ──線イ「それ」は飛行アリが飛んで来る季節とは、何ですか。

　アリが、一年に一度だけ、（　　　　　）ようになる季節。

③ ──線①「そのような日」とは、どんな日ですか。

　午前中に（　　雨が降　　）り、午後は晴れて（　　　　）日。

④ ──線②「そのような日」とは、どんな日ですか。

　午前中に（　　　　）、午後は晴れて（　　　　）日。

15 説明文［標準］

指示語の働きをつかもう③

目標 10分　月　日　得点　点

1 次の文章を読んで、問題に答えましょう。

一つ10点【50点】

日本全国に共通してある料理でも、地域（ちいき）によって味つけや入れる具などにちがいがある料理もあります。

㋐その代表的なものに、ぞうにがあります。大きく分けて、東の地方では、もちは焼いた角もちで、しょう油のすましじる仕立てです。㋑これは「江戸風（えどふう）」とよばれるものです。また、西の地方では、ゆでた丸もちで、白みそ仕立てです。㋒こちらは「京風（きょうふう）」とよばれるものです。

㋓この他に、赤みそ仕立ての地方もあります。[　　]、あずきじるに丸もちを入れたり、白みそ仕立てのしるに、あんこ入りの丸もちを入れたりする地方もあります。

① ――線㋐とありますが、ぞうには何の代表的なものですか。

・日本全国に共通してあるが、[　　　　　　　　]料理。

② ――線㋑「これ」、――線㋒「こちら」は、どの地方のものですか。それぞれ漢字一字で答えましょう。

㋑[　　]　㋒[　　]

③ ――線㋓「この他」とは、「江戸風」と何の他にということですか。記号を○で囲みましょう。

ア　すましじる仕立て
イ　しょう油仕立て
ウ　東の地方
エ　京風

問題文の「『江戸風』と」に注意。

④ [　　]に合う言葉を選び、記号を○で囲みましょう。

ア　また　　イ　だから
ウ　しかし

2 次の文章を読んで、問題に答えましょう。

一つ10点【50点】

〔イタリアのローマにある「コロセウム」という、まるい建物は、二〇〇〇年以上も前に建てられた古代ローマ帝国(ていこく)の競技場である。〕

コロセウムは、直径一五〇メートル、高さ五〇メートルもあり、五万人もの見物人が入ることができる。

（略）

まるい建物の内側は、上から下まで、階段(かいだん)のように客席がならんでいた。見物人は、㋐そこからまんなかのまるい舞台(ぶたい)でおこなわれる競技を見おろすようになっていた。

五万人もの人が、みんなできるだけ同じ距離(きょり)から、競技を見るためには、㋑このような、まるくて高い建物が必要だったのである。

現在では、どこの国でも大きな野球場や競技場がつくられている。なかには、いちどに一〇万人ものの人が入れる、コロセウムの二倍もあるようなものもつくられている。そして㋒それらも、ほとんどみんな、コロセウムと同じように□形をしている。

（坂口康「まるい世界」〈ほるぷ出版〉より）

① ――線㋐「そこ」とは、どこを指しますか。

・（　　　　）のようにならんだ（　　　　）。

② ――線㋑とありますが、このような建物が必要だったのは何のためですか。

〔　　　　〕

答えの文末は、「～ため。」にしようね。

③ ――線㋒「それら」とは、何を指しますか。同じ段落(だんらく)から十字で書き出しましょう。

④ □に入る三字の言葉を、文章中から書き出しましょう。

クイズ

1で、「江戸風(えどふう)」とよばれるぞうにの味つけは何かな？

① 白みそ　② 赤みそ　③ しょう油

答え ▶ 90ページ

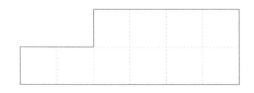

16 かくにんテスト②

名前

目標 15分

月　日

得点　点

[1] 次の文章を読んで、問題に答えましょう。【55点】

[1] 毒のある動物はたくさんいる。中には猛毒（もうどく）のやつもいる。けれど、有毒といわれる動物には㋐二つの*ジャンルがある。

*ジャンル…種類。部類。

[2] 毒ヘビのように、相手にかみついて自分の毒を注入し、相手を倒（たお）すものと、自分が食べられたら相手がひどい目にあうものとだ。

[3] ㋑第一のジャンルに属するのは、いわゆる毒ヘビをはじめとして、ハチ、サソリ、その他刺（さ）す虫である。㋒これらの動物に対しては、人間ばかりでなく、どの動物も警戒（けいかい）している。

[4] こういう動物の毒は、まず第一に自分の獲物（えもの）を倒すためのものである。毒ヘビは獲物にかみついて毒を注入し、獲物を麻痺（まひ）させてから食べる。スズメバチやサソリも同じだ。ジガバチとかベッコウバチは㋓そうやって麻痺させた獲物を子どもの餌（えさ）にする。自分は花のミツを吸（す）ってすませている。

（日高敏隆「動物の言い分 人間の言い分」『角川oneテーマ21』〈角川書店〉より）

① ――線㋐とは、何のジャンルですか。九字で書き出しましょう。（10点）

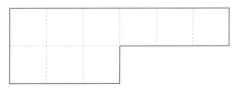

② ――線㋑はどういうものですか。[2]の段落（だんらく）から書き出しましょう。（10点）

③ ――線㋒が指すものを、四つに分けて書き出しましょう。（一つ5点〔20点〕）

④ ――線㋓の内容になるように、□に合う言葉を書き出しましょう。（5点）

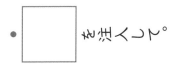

・□を注入して。

⑤ 上の文章を二つの段落に分けると、どこで分けられますか。／の記号を一か所に入れましょう。（10点）

[1]　[2]　[3]　[4]

答え ▶ 90ページ

2 次の文章を読んで、問題に答えましょう。

1 もともと体にどくのないジンドクガエルも、自分が食べたものの体のどくによって、自分の体にどくをためていくというわけだ。

2 動物の相手をだまして目をくらまして、自分を守る。ジンドクガエルのように、毒である草木の葉にいる例では、南米のサンドクガエルというカエルがいる。

3 それでも、このカエルは生きていける。それは、体にその毒をためているからだ。（略）

4 だから、発見した自分のどくをもつことによって、このカエルに似たものは、食べられないのだということを学習しているだろう。

3 それは、自分のどくではなく、食べたものからどくをためているから何匹か食べてひどい目にあったので、今度はこのカエルに似たものを食べないように身を守るのに効力を発揮し、自分のどくでなくても毒を猫にたいして……。

4 たとえば、元気なカエルのように食べられないのは、敵におそわれないという犠牲になる仲間がいることで、このカエルに似たものを食べなくなるのだ。

れはあるするへるながるるなかまだからなのだ。

後は学習したようにそのにくるようにこのカエルにとっても今 動物

（日高敏隆『ネコの目は、なぜ夜に光るのか?』〈角川ソフィア文庫〉・『21世紀の動物哲学』所収 角川書店より）

書く力

① ――線⑦「しかけ」とありますが、ここには、どんな動物の例があげられていますか。

② ――線①「守る役に立つのは、このカエルの毒である」とありますが、どういう点で身を守るのに役立っていますか。文を見つけて、初めの三字を書きましょう。

③ 3・4の段落について、次の問いに答えましょう。

3の段落で○でかこんだ内容を、4の段落で説明していますか。記号は○でかこみましょう。

ア 3・4の段落で補足説明しているだんらく。

イ 4・3の段落で答えを出した疑問に、4の段落で答えを出している。

ウ 4の段落で、3の段落で答えを出した疑問に、新たな問題を出している。

1 次の文章を読んで、問題に答えましょう。
一つ10点【20点】

利助さんと海蔵さんは、山道をたどっているところにある清水を飲むことにしました。利助さんは、山道のかたわらの椿の木に、自分の牛をつなぎました。

二人はかわりばんこに泉のふちで、しだやぜんまいの上に両手をつき、腹ばいになり、冷たい水を、鹿のように、頭をかがめながら、ごくごくのどに水を飲みました。腹の中がぶくぶくいうほど飲みました。

（新美南吉「牛をつないだ椿の木」『新美南吉童話集3』
花のき村と盗人たち』〈大日本図書〉より）

① 二人が水を飲む様子を、何の姿にたとえていますか。

・（　　　　　　　　　　）の姿。

② 二人がとてものどがかわいていたことが最もよくわかるのは、どの文ですか。初めの四字を書きましょう。

2 次の文章を読んで、問題に答えましょう。
【30点】

「やいやい、この牛はだれの牛だ。」

と、地主は二人を見ると、□□□□□。

*地主…土地の持ち主。

その牛は利助さんの牛でありました。

「わしの牛だが。」

「てめえの牛？　これを見よ。＊つばきの葉をみんな食ってすまったに。」

*つばき…椿。
*坊主…まるはげ。

二人が、牛をつないだ椿の木を見ると、それは自転車を持った地主が言ったとおりでありました。

（新美南吉「牛をつないだ椿の木」『新美南吉童話集3』
花のき村と盗人たち』〈大日本図書〉より）

① □□に合う言葉を選び、記号を○で囲みましょう。
（10点）

　ア　さとしました

　イ　どなりつけました

　ウ　からかいました

② 地主は、何に対して文句を言っているのですか。
全部できて（20点）

・（　　　　　　　　　）の（　　　　　　　　　）が（　　　　　　　　　）を全部食べてしまったこと。

3 次の文章を読んで、問題に答えましょう。

利助さんは、とんだことになったと思って、顔をまっかにしながら、あわてて木から綱をときました。そして申しわけに、牛の首ったまを、手綱でぴしりと打ちました。

しかし、そんなことぐらいでは、地主は許してくれませんでした。地主は大人の利助さんを、まるで子どもをしかるように、さんざんしかりとばしました。

（新美南吉「牛をつないだ椿の木」『新美南吉童話集3 花のき村と盗人たち』〈大日本図書〉より）

一つ10点【20点】

① ――線のときの利助さんの気持ちに合うものを一つ選び、記号を○で囲みましょう。

ア いかりとくやしさ。
イ とまどいと不安。
ウ おどろきとはずかしさ。

② 利助さんに対する地主の態度は、どうでしたか。

4 次の文章を読んで、問題に答えましょう。

利助さんと海蔵さんは、村の方へ歩きだしました。けれどもう話をしませんでした。大人が大人にしかりとばされるというのは、情けないことだろうと、人力引きの海蔵さんは、利助さんの気持ちをくんでやりました。

「もうちっと、あの清水が道に近いとええだがのオ。」

と、とうとう海蔵さんが言いました。

（新美南吉「牛をつないだ椿の木」『新美南吉童話集3 花のき村と盗人たち』〈大日本図書〉より）

一つ15点【30点】

① 村の方へ歩きだしたときの二人の様子は、どうでしたか。

② 海蔵さんが①のようだったのは、なぜですか。□に合う四字の言葉を書き出しましょう。

・利助さんが□□□□と感じている気持ちを思いやったから。

[クイズ]

2で、椿の葉を食べた牛の飼い主は、だれかな？

① 地主 ② 利助 ③ 海蔵

答え ▶ 91ページ

18 登場人物の関係をとらえよう②

1 次の文章を読んで、問題に答えましょう。

一つ10点【20点】

　海蔵さんは、山道のそばに井戸をほれば、みんなが助かると思い、お金にゆうのある利助さんに費用をたのもうとしました。

「利助だ、ぶんぱつしてくれないかエ。きけば、お前だいぶ山林でもうかったそうだが。」
　利助さんは、いままで調子よくしゃべっていましたが、急にだまってしまいました。

(新美南吉「牛をつないだ椿の木」『新美南吉童話集3』『花のき村と盗人たち』〈大日本図書〉より)

◎ 利助さんの態度は、どのように変わりましたか。

● いままで（　　　　　）よく話していたのに、急に（　　　　　）。

海蔵さんの話を聞いて変わっているね。

2 次の文章を読んで、問題に答えましょう。

一つ10点【30点】

　利助さんは、岩のようにだまっていました。どうやら、こんな話は利助さんにはおもしろくなさそうでした。
「三十円*で、できるけれどもなァ。」
と、また海蔵さんが言いました。
「その三十円をどうしておれが出すのかエ。おれだけがその水を飲むなら話がわかるが、ほかのもんもみんな飲む井戸に、どうしておれが金を出すのか。そこがおれにはよくのみこめんのかエ。」
と、やがて利助さんは言いました。

＊三十円…この物語の時代には相当の金額になる。

(新美南吉「牛をつないだ椿の木」『新美南吉童話集3』『花のき村と盗人たち』〈大日本図書〉より)

① 利助さんが、ずっと無言のままでいることがわかる部分を、十三字で書き出しましょう。

② ──線「そこ」は、どんなことを指していますか。（　）に合う言葉を書き出しましょう。

● （　　　　　）も飲む井戸になぜ自分が（　　　　　）を出すのかということ。

1 ①山林を買う ②家を建てる ③井戸をほる
2 ア
海蔵さんは利助さんに何の費用をたしたのみをたしましたか？

4 次の文章を読んで、問題に答えましょう。

助けをしたいと思って、海蔵さんは、後道をあるきながら、自分をなぐさめるのだった。
ひとのために、自分の腰をかがめて夜道をあるいたのだけど、自分のためではなかったと、海蔵さんは思いました——利

りのやりかたに入ったよいように思いました。

（花のき村と盗人たち）新美南吉『大日本図書「椿の木」より　新美南吉童話集 3）

だと、おもったりしているのでした。
「おかしいぞ、おかしいぞ……」海蔵さんは、家の中へ向かっていくたびに、はらがへっているのでした。

① ——線①とありますが、海蔵さんは、どんな気もちになったのでしょうか。【25点】

ア 自分はしょうぶにまけたのだ。
イ 自分はこうして信用がうれしいのだ。
ウ 自分は帰り道で、海蔵さんの記号を○で囲みなさい。 〔10点〕

② ——線②とありますが、海蔵さんは、なぜそうなったのですか。 〔15点〕

3 次の文章を読んで、問題に答えましょう。

海蔵さんはみんなが、「井戸をほるのにはお金がいるだろう」といってくれるのを、はじめのうちはことわっていましたが、いろいろの人々が、そういってくれるので、とうとう「それでは」と、利助さんに話しました。利助するといったのは……

（花のき村と盗人たち）新美南吉『大日本図書「椿の木」より　新美南吉童話集 3）

① ——線①とありますが、利助さんの話はどんな話でしたか。 〔25点〕

ア 持ち金に合うものを選び、利助さんの気もちにあうように。
イ 腹がへってもよいという話。
ウ 腹がへったもよいという話。

② ——線②とありますが、海蔵さんは、どんな気もちになりましたか。 〔15点〕

登場人物の関係をとらえよう③

1 次の文章を読んで、問題に答えましょう。

一つ10点【60点】

> 伝じいは、わたるにとって、村でいちばんの友達でした。あるとき、伝じいが病院に入院してしまいます。わたるは、病院に見まいに行くとちゅう、伝じいのことをいろいろ思い出していました。

伝じいは、村でいちばんの鉄砲撃（てっぽう）ちと、みんなの熊撃（う）ちとからいわれていました。

もう五十年も前に鉄砲はやめていますが、それまでに伝じいは三十二頭の熊を撃ったのでした。

伝じいは熊をしとめると、その場で

——アランケ ンワカ アランケ ンワカ……——

と、いのりの言葉をかけました。

熊をめぐんでくれたことくの感謝と、熊のたましいを山の神に帰す、魂（たましい）送（おく）りのいのりでした。

そのころの話を聞くのが、わたるは大すきでした。

（最上一平「じぶんの木」（岩崎書店）より）

① 伝じいが、どのくらいすごい鉄砲撃ちだということがわかる一文の、初めの五字を書きましょう。

[　　　　　]

② 「いのりの言葉」の内容に合うように、□に合う言葉を書き出しましょう。

● 熊をめぐんでくれた[　　　]と[　　　]に熊のたましいを[　　　]、魂送りのいのり。

③ わたるが大すきだったは、どんなことですか。

●（　　　　　）から、鉄砲撃ちをしていたころの（　　　　　）を聞かせてもらうこと。

文章の最後のまとまりに注目してね。

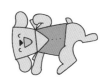

[2] 次の文章を読んで、問題に答えましょう。

一つ10点【40点】

伝（でん）じいは、冬山ですさまじい、もうふぶきにあったことがあります。

目の前はまったく見えません。

日がくれてきました。

このままでは、命がありません。

その時、伝じいはブナの木の根（ね）方（かた）に、小さなあなを見つけて、もぐりこみました。そこには、熊がねむっていたのです。

㋐「おっかながった※があ？」

「んだなあ。たまげたことは、たまげたなあ。んでもよ、外はいっすん先も見えねえふぶきだ。山の中にはだあれもいねえ。そうすっとよ、おっかないというよりは、なかま見つけだみたいでよ、㋑心の中さ、ポッとあったけえ、小さなあかりがともったみだえな気いしたもんだ。」

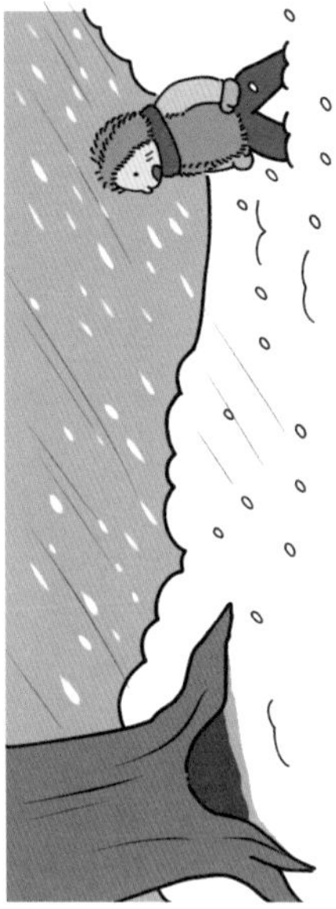

※おっかながった…おそろしかった。

（最上一平「じぶんの木」〈岩崎書店〉より）

① 冬山でもうふぶきにあった伝じいは、どうしましたか。

・（　　　　）の根方に（　　　　）を見つけてもぐりこんだ。

② ㋐「おっかながったがあ？」は、何に対して言っているのですか。

・伝じいがもぐりこんだ所に（　　　　）がねむっていたこと。

③ ――線㋑のときの伝じいは、どんな気持ちになっていたと考えられますか。

（　　　　　　　　　　　　　　　　）

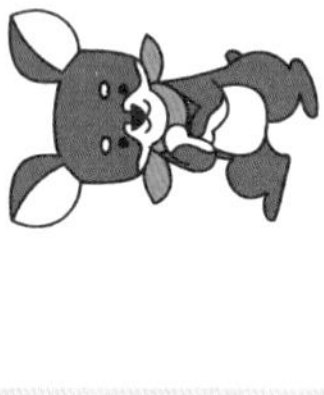

「あかりがともった」ら、明るくなるよね。

クイズ

[1]で、伝じいは鉄砲（てっぽう）撃ちをやめるまでに何頭の熊を撃ったのかな？

① 五十頭　② 三十三頭　③ 百頭

答え ▶ 91ページ

登場人物の関係をとらえよう④

目標 10分　月　日　得点　点

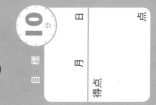

1 次の文章を読んで、問題に答えましょう。【50点】

〔わたるは、入院した伝じいの代わりに、伝じいのすきな山を見てくると約束しました。この日、わたるが見てきた山の様子を話すと、伝じいはえがおになりました。〕

㋐ひさしぶりにわたるは、伝じいのえがおを見ました。

「伝じいにも見せてやりたいなあ。白く光っていたぞ。」

「ああ、わかってる。おまえの目玉を見ると、そこにちゃあんと、大朝日のお山がうつってら。じいちゃんには、お山のすそのサンダワラあたりで、親子の熊が歩いているのさえ見えるぞ。」

「ほんとか？　㋑目にうつすみたいに、よく見たからなあ。」

「見える、見える。これで思いのこすこともなくなった。」

㋒「伝じい、死んだらいやだよ。こんどはいっしょに山を見るべ。」

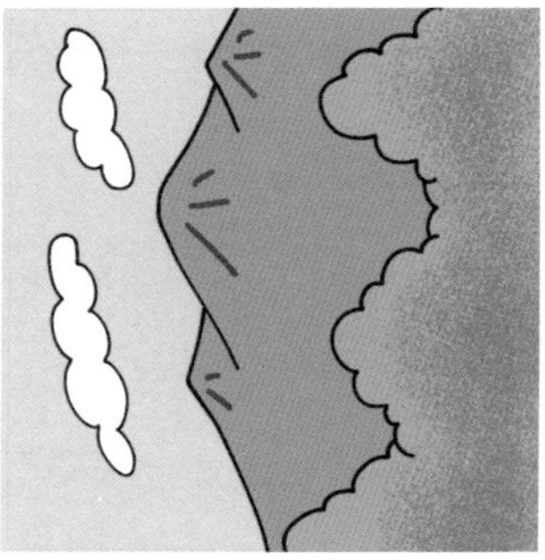

（最上一平「じぶんの木」〈岩崎書店〉より）

① ――線㋐とありますが、伝じいがひさしぶりにえがおを見せたのは、なぜですか。（15点）

〔　　　　　　　　　　〕

② ――線㋑とありますが、このことは、伝じいの言葉のどこからわかりますか。文を二つ見つけ、それぞれ初めの六字を書き出しましょう。一つ10点（20点）

□□□□□□

□□□□□□

③ わたるが――線㋒のように言ったのは、伝じいのどの言葉を聞いたからですか。（15点）

〔　　　　　　　　　　〕

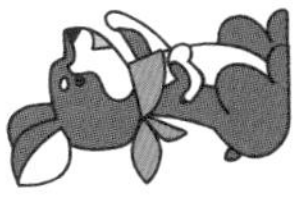
すぐ前で、伝じいはどう言っているかな。

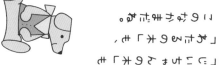

1 ア 伝つけたその目玉が何をしているか言っていますか。
① 山の様子 ② いろいろの木 ③ 白い花

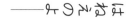
（「二十年生のもの」〈北原白秋〉より）

ねんのもの――

はんだから、生えて、中におしべがある。

ねん〔左〕

2 次の文章を読んで、問題に答えましょう。　〔50点〕

① 伝つけは、どんな人が生まれると言っていますか。（50点）

② 「いろいろの木」とありますが、
・（　　　　　）が（　　　　　）。
（一つ10点　20点）

③ ア「二十年生のもの」とは、何を指していますか。「～のもの」という、五字の言葉で書きましょう。（15点）

イ「伝つけが死んで書いた」・「～に合う言葉を考え、次の［　　］に合う言葉を文章の中の言葉を使って書きなさい。（15点）

答え ◯ 91ページ

主題を読み取ろう①

目標 10分　月　日　得点　点

1 次の文章を読んで、問題に答えましょう。

一つ10点【40点】

父はもぐり漁師だった。潮(しお)の流れがはやくて、だれにももぐれない瀬(せ)に、たったひとりでもぐっては、岩陰(いわかげ)にひそむクエをついてきた。二メートルもある大物(おおもの)をしとめても、㋐父は自慢(じまん)することもなくいうのだった。

「海のめぐみだからなあ。」

不漁の日が十日間つづいても、㋑父はなにもかわらなかった。

ある日父は、夕方になっても帰らなかった。からっぽの父の船が瀬で見つかり、なかまの漁師が引き潮をまってもぐってみると、父はロープを身体(からだ)にまいたまま、水中でこときれていた。ロープのもう一方のさきには、光る緑色の目をしたクエがいたという。

父の銛(もり)を身体につきさした瀬の主(ぬし)は、何人がかりでひこうとまったくうごかない。まるで岩のような魚だ。㋒結局ロープをきるしか方法はなかったのだった。

※父…主人公「太一(たいち)」の父。

（立松和平「海のいのち」〈ポプラ社〉より）

① 父が、すぐれたもぐり漁師だったことがわかる一文を見つけ、初めの五字を書き出しましょう。

□□□□□

② ――線㋐とありますが、父が自慢しなかったのはなぜですか。

● 魚は、（　　　　）だと思っていたから。

③ ――線㋑とは、どういうことですか。記号を○で囲みましょう。

ア　大物のクエを探(さが)しつづけた。

イ　たった一人で漁に出つづけた。

ウ　不平を言ったりいらだったりしなかった。

④ ――線㋒のようにしたのは、何のためですか。記号を○で囲みましょう。

ア　クエを生かしておくため。

イ　父の銛を取りもどすため。

ウ　父の体を引き上げるため。

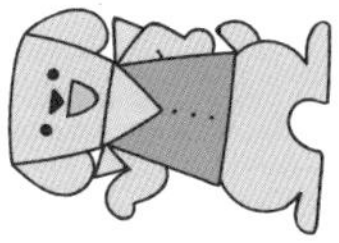
漁師たちが海にもぐった目的を考えてね。

2 次の文章を読んで、問題に答えましょう。

一つ15点【60点】

［中学校を卒業する年の夏、太一は、漁師の与吉じいさの弟子になった。］

弟子になって何年もたったある朝、いつものように同じ瀬に漁に出た太一にむかって、与吉じいさはふっと声をもらした。そのころには与吉じいさは船にのってこそきたが、作業はほとんど太一がやるようになっていた。

「自分では気づかないだろうが、おまえは村一番の漁師だよ。㋐太一、ここはおまえの海だ。」

船にのらなくなった与吉じいさの家に、太一は漁から帰ると毎日魚をとどけにいった。真夏のある日、与吉じいさは暑いのに毛布を喉までかけてねむっていた。㋑太一はすべてをさとった。

「海に帰りましたか。㋒与吉じいさ、心から感謝しております。おかげさまでぼくも海で生きられます。」

悲しみがふきあがってきたが、今の太一は自然な気持ちで顔の前に両手をあわせることができた。父がそうであったように、与吉じいさも海に帰っていったのだ。

（立松和平「海のいのち」〈ポプラ社〉より）

① ——線㋐にこめた与吉じいさの思いを選び、記号を○で囲みましょう。

ア 一人前の漁師として、精いっぱい海で活やくしてほしい。

イ 村のためにがんばってほしい。

ウ 太一に海を取られてしまったようで、さびしい。

② ——線㋑とありますが、どんなことをさとったのですか。

［　　　　　］

③ ——線㋒とありますが、どんなことに感謝しているのですか。□に合う言葉を書き出しましょう。（両方できて）

□で生きる□の心構えを教えてもらったこと。

④ 父や与吉じいさの死を、太一はどのように受け止めていますか。記号を○で囲みましょう。

ア 好きだった海で死ねたことは、せめてもの幸せだっただろう。

イ 海に生きる者は、海に生かされ、やがて海に帰っていくのだ。

ウ 死を認めたくないので、海に帰っていったと思っていたい。

クイズ

2で、太一に漁を教えたのは、だれかな？

① 父　② 母　③ 与吉じいさ

答え ▶ 92ページ

主題を読み取ろう②

目標 10分　　月　　日　得点　　点

1 次の文章を読んで、問題に答えましょう。

一つ10点【50点】

［たくましい若者(わかもの)に成長した太一(たいち)は、父が死んだあたりの瀬(せ)にもぐるようになった。ある日、おいもとめていたクエに出会う。］

瞳(ひとみ)は黒い真じゅのようだった。刃物(はもの)のような歯がならんだ灰色(はいいろ)の唇(くちびる)は、ふくらんでいて大きい。魚がえらをうごかすたび、水がうごくのがわかった。岩そのものが魚のようだった。全体は見えないのだが、百五十キロはとうにこえているだろう。

㋐興奮(こうふん)していながら、太一は冷静だった。これが自分のおいもとめてきた幻(まぼろし)の魚、村一番のもぐり漁師だった父をやぶった瀬の主なのかもしれない。太一は鼻面(はなづら)にむかって銛(もり)をつきだすのだが、クエはうごこうとはしない。そうしたままで時間がすぎた。㋑太一は永遠にここにいられるような気さえした。しかし、息がくるしくなって、またうかんでいく。

（立松和平「海のいのち」〈ポプラ社〉より）

① クエの巨大(きょだい)さを、たとえを使って表している一文を見つけ、初めの五字を書きましょう。

② ——線㋐とありますが、太一はどんなことに興奮していたのですか。

・自分が（　　　　）、父を（　　　　）瀬の主かもしれない（　　　　）を目の前にしていること。

③ ——線㋑のときの太一は、どんな気持ちですか。合うほうの記号を○で囲みましょう。

ア　クエに出会えたのだから、他の場所に行ってもしかたがない。

イ　こうなったら、じっくりとクエと対決しよう。

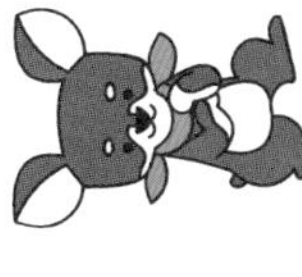

クエは、太一にとってどんな存在(そんざい)かな？

[2] 次の文章を読んで、問題に答えましょう。【50点】

もう一度もどってきても、瀬の主はまったくうごこうとはせずに太一を見ていた。おだやかな目だった。㋐この大魚は自分に殺されたがっているのだと太一は思ったほどだった。これまで数かぎりなく魚を殺してきたのだが、㋑こんな感情になったのははじめてだ。この魚をとらなければ、ほんとうの一人前の漁師にはなれないのだと、太一はなきそうになりながら思う。

水の中で太一はふっとほほえみ、口から銀のあぶくをだした。銛の刃先を足のほうにどけ、クエにむかってもう一度笑顔をつくった。

㋒「お父、ここにおられたのですか。またあいにきますから。」

こう思うことによって、太一は瀬の主を殺さないですんだのだ。大魚はこの海のいのちだと思えた。

（立松和平「海のいのち」〈ポプラ社〉より）

① 太一が――線㋐のように思ったのは、クエ（大魚）のどんな様子を見たからですか。（15点）

〔　　　　　　　　　　　　　　　〕

② ――線㋑は、太一がどんな気持ちになっていることを表していますか。合うものを一つ選び、記号を○で囲みましょう。（15点）

ア　クエは、予想以上に手ごわい相手だという気持ち。

イ　クエをしとめるのは意外に簡単だという気持ち。

ウ　クエを、えものとして見られなくなっている気持ち。

③ ――線㋒にこめられた太一の思いを選び、記号を○で囲みましょう。（20点）

ア　クエのように、父は海のいのちとして生き続けているのだ。

イ　クエを父と思えば、海の中でおそれるものは何もないのだ。

ウ　自分はまだ、父のような漁師にはなりきれていないのだ。

クイズ

[2]で、太一は大魚を何だと思ったのかな？

① 黒い真じゅ　② 岩　③ 海のいのち

答え ▶ 92ページ

23 物語［標準］

人物の生き方をとらえよう

目標 10分　月　日　得点　点

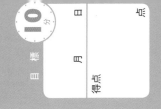

1 次の文章を読んで、問題に答えましょう。　一つ10点【60点】

　アルフレッド・ウェゲナーは、一八八〇年ベルリンに生まれた気象学者である。おなじ気象学者の兄さんと、気球に乗ったり探検（たんけん）に出かけたりしていた若（わか）いウェゲナーは、ある日、君とおなじようにぼんやりと地図のアフリカと南アメリカの形をながめていた。そしてアフリカの西のくぼみと南アメリカの東の出っぱりの形がにていることに㋐ハッと気がついたのだ。ウェゲナーの目は、この二つの大陸がもとは一つだったのではないか――と目ざとく*考えたのである。

*目ざとい…見つけるのがはやい。

　活動的なウェゲナーは、すぐに㋑その予想をうらづける証拠（しょうこ）をしらべはじめた。するとどうだろう。アフリカにも南アメリカにもおなじ古いシダ植物の化石が埋（う）もれていた。氷河が流れた跡（あと）や古代の気象も一致（いっち）していた。

〈かこさとし「科学者の目」〈童心社〉より〉

① ウェゲナー兄弟の職業を、書き出しましょう。

（　　　　）

② 「㋐ハッと気がついたのだ」とありますが、ウェゲナーは、どんなことに気がついたのですか。

・アフリカの（　　　　）と南アメリカの（　　　　）の形がにていること。

③ ②のことから、ウェゲナーが考えたのは、どんなことですか。

（　　　　）

④ ――線㋑の具体例を挙げている文が二つあります。その文に――線を引きましょう。

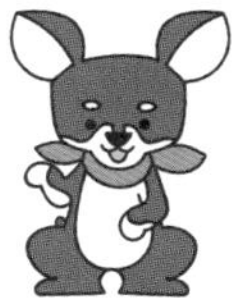

「その予想」とは、③のウェゲナーが考えたことの内容だね。

クイズ

② で、大陸を動かす大きな力とは、地球内部の何かな?
① 氷河の流れ
② マントルの流れ

2 次の文章を読んで、問題に答えましょう。

〈童話社〉「科学」の教科書より

新しい地球科学第二次世界大戦以後、各国の研究者は、地質学・海洋学・地球物理学などの専門の目で地球を研究するようになった。その研究は、地質の調査や海底を見る進歩から、大陸がもともと一つであったことがわかってきた。それは、大陸を動かす大きな力であるのであって、大陸がそれにのってみかけ上動いたという、マントルを動かす大きな力が地球内部にあることがわかってきた。大陸を動かすマントルの流れは、地震や海嶺・海底山脈や古代の古地磁気などをもとに、地殻な地

（略）

「大陸移動説」は、地球内部にあるマントルの流れが大陸を動かすという考えにもとづいて、ウェゲナーの大陸移動説は、形をしたものであって、この研究する者によって、地球をつくる物質や生物の分布などから、一般の人々の専門の目で研究するようになった。しかし、地球物理学者の多くは、古代の人々が算出した地球の大きさにあわないことから反論した。大陸が海底の上を動いてゆくには、それを強い証拠がなかった。大陸を動かす力が不明であったことなどから、大陸移動説に反論し引きだした。ウェゲナーの大陸移動説は、生物学者には賛成され、地質学者や古生物学者などには反論をひきおこした。

やがて、エンジンの目である地球内部にある大陸を動かす大きな力が明らかにされた。これは、地球内部にあるマントルの流れが大陸の大きさをおし上げるという気がつくと、ウェゲナーのいうことが正しいということに気がついた。

ウ この大陸の大きさにあいたという点のあるたしかめられる部分の形が

イ 正確にこのという地図の位置を

ア これらのみかけ上大陸の大きさにあたる部分のちがう形が

② ウェゲナーの「大陸移動説」は、正確には次の地図の○のうちどれですか。記号で答えましょう。（10点）

----

① 地球物理学者たちが「大陸移動説」に反論したのは、どういうことからですか。書きましょう。（15点）（30点）

【40点】

1 次の文章を読んで、問題に答えましょう。【50点】

綾子は家に帰ってくるなり、鏡の前に飛んでいった。

洗面所の鏡には、□自分の顔が映っている。ほおがピンク色で、顔じゅうが真っ赤に染まっているのは、走ってきたせいだ。目も口もいつもと変わらない。

「変なの。確かにパチンて音がしたと思ったのに──。」

その音を哲夫に聞かれたような気がして、綾子は、かけるように帰ってきたのだ。

去年の夏休みに、母の郷里に遊びに行ったとき、ここの千代がいった。

「急に胸が苦しくなってきて、胸の中で赤い実がはじけたの。」

あの夏の夜、千代とぶらんこにならんで、いろいろな話をした。はずむときち千代は、はずかしそうに哲夫くんのことをいいだしたのだ。同じクラスの哲夫くん。その哲夫くんの横顔に夕日が当たったしゅん間、千代の胸の中で赤い実がはじけたというのだ。

（名木田恵子「赤い実はじけた」〈PHP研究所〉より）

① □に合う言葉を選び、記号を○で囲みましょう。（10点）

ア　見慣れた　　イ　しずんだ

ウ　困ったような

② ──線のようになった原因は、何ですか。（　）に合う言葉をあとから選び、記号を書きましょう。（一つ5点10点）

● 自分の気持ちを（　　）に気づかれたかもしれない（　　）。

ア　千代　　イ　はずかしさ

ウ　哲夫　　エ　申し訳なさ

③ あわてて帰った綾子の様子を表す言葉を、六字で書き出しましょう。（10点）

④ 千代の胸の中で赤い実がはじけたのは、どんなときですか。（10点）

⑤ 場面が変わる段落の初めの三字を書き出しましょう。（10点）

2 次の文章を読んで、問題に答えましょう。

一つ10点【50点】

岡本哲夫（おかもとてつお）は、綾子（あやこ）の苦手なタイプの男の子だった。（略）

一年生のときから、同じクラスだった。声が大きくて、なんだかこわい。㋐そんな最初の印象を、六年生になった今まで引きずっていたのかもしれない。

哲夫くんはおっかない。そんな先入観があって、「魚進（うおしん）」にだけは買い物に行かなかった。町外れにある「魚進」が哲夫の家。

㋑だけど、今日はしかたがなかった。おかあさんがかぜをひいて、買い物に出られない。長いこと出張に行っていたおとうさんが、今夜帰ってくるのに――。

おとうさんの何よりの楽しみは、おさしみを食べながらお酒を飲むこと。

「いいや。岡本くんの店ってだけで、べつに哲夫くんがお店に出てるわけじゃないもんね。」

綾子はそう自分にいい聞かせた。

ところが――。

「らっしゃい。」

店の前まで来て、㋒綾子はにげだしそうになった。大声でむかえてくれたのは、哲夫だったのだ。

「なんだ、米田（よねだ）じゃないか。」

㋓哲夫の顔がくしゃっとなる。

〈名木田恵子「赤い実はじけた」〈PHP研究所〉より〉

① ――線㋐とは、いつの、どんな印象ですか。

[　　　　]

書く力 ② ――線㋑とありますが、綾子が「魚進」に買い物に行った理由を、二つに分けて書きましょう。

[　　　　]

[　　　　]

③ ――線㋒とありますが、なぜですか。

・店に（　　　　）はずの哲夫がいたから。

④ ――線㋓からわかる哲夫の気持ちを選び、記号を○で囲みましょう。

ア　客が来て、はりきっている。

イ　苦手な人が来て、困（こま）っている。

ウ　同級生が来てくれて、うれしい。

答え ▶ 92ページ

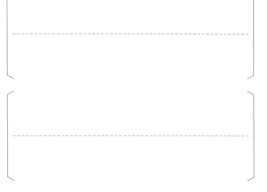

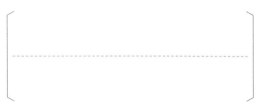

25 説明文［基本］

筆者の考えをとらえよう①

目標 10分

月 日 点

得点 点

---

1 次の文章を読んで、問題に答えましょう。 一つ10点【20点】

　だれでも「失敗をすること」はいやなものです。サッカーの試合でパスを失敗し、相手チームにボールを取られてしまったら…。そのことをチームのみんなから責められたら…。失敗することを考えたら、ボールが飛んでこないところを走っているほうがいい、そんなことを考えてしまうことはありませんか。

（1）——線の例として、どんな場面の失敗を挙げていますか。七字で書き出しましょう。

（2）読み手に問いかけている文を見つけ、初めの六字を書き出しましょう。

文末の表現に注目しよう。

---

2 次の文章を読んで、問題に答えましょう。 一つ10点【30点】

　サッカーでは相手にボールを取られることをおそれてボールをけらなければ、絶対に点を取ることはできません。ボールをける方向をまちがえたり、強くけりすぎて相手にボールを取られたりするかもしれません。でも大切なのは、失敗をしたときに「なぜ失敗したのか」「どうすればよかったのか」を考え、次に生かすことなのです。

（1）サッカーでボールをけるときにしそうな失敗例を二つ書きましょう。

（　　　　　　　　）

（　　　　　　　　）

（2）筆者は、どんなことが大切だと考えていますか。

53

1 ア
① 野球　② サッカー　③ 勉強
「失敗する」ことの例として、何を挙げているかな？

---

4 次の文章を読んで、問題に答えましょう。

君は「勉強」って、どういうことだと思う？

不思議なことに、わからないことがわかるようになって、どんどん成長していく。「勉強」って、そういうことなんだ。その答えを知らなかったり、考えたりして、「わかる」ことに変えていくことなんだ。

これに対していうと、「勉強」というのは、「わからない」ことに出会い、そのことを「わかる」ようにしていくことなんだ。

それは、いい道へと通じている。

◎ 「勉強」とは、どういうことだと筆者は考えていますか。次の（　）に合うことばを書きましょう。

1つ10点【30点】

（　　　　　　　）ことを、

（　　　　　　　）ことに変えていくことだが、

（　　　　　　　）に対していい道へと通じている。

---

3 次の文章を読んで、問題に答えましょう。

世界にはたくさんの国があります。あなたはいくつの国を知っていますか。

ぼくたちが住んでいる日本も、その国の一つです。世界には、子どもが毎日学校に行けない国があります。幼い資で食べ物や水を手に入れるために働いている子どももいます。

他の国のことを調べてみたら、あなたはきっと大きくなって、世界地図を見て、自分の住んでいる国があることに気づいてみてください。

◎ 世界地図を見てほしいと考えているのは、次のうちどちらですか。あ・いで答えましょう。

1つ10点【20点】

⑦ 世界地図を見て、いろいろなことを考えているのは、次の（　）に合うことばを書きましょう。

（　　　　　　　　　　　　）

① もっと大きくなったとき。

（　　　　　　　　　　　　）

1 次の文章を読んで、問題に答えましょう。【50点】

エゾシカは、森林地帯に生息する北海道に、エゾシカは、森林地帯に生息する国内最大の草食動物で、全域で広く見られます。

エゾシカは、かつて絶めつの危機にありましたが、その後、狩猟が禁止されたことで、その数は年々増え続けています。増えたエゾシカは、森林や草地にある好みの植物を食べつくし、森林の環境に大きなえいきょうをあたえています。

□□、えさを求めて人間が生活している場所にまで入りこんで、農林業の被害やエゾシカが車にはねられるなどの事故も発生しています。

現在、エゾシカの害を防ぐための、さくやネットが設置されたり、捕獲※が進められたりしています。これからは、人間とエゾシカが共存するための、新しい関係づくりを進めていく必要があると思います。

※捕獲＝つかまえること。

① 絶めつの危機にあったエゾシカが年々増え続けているのは、なぜですか。 1つ5点(10点)

● (　　　　　) が (　　　　　) されたから。

② ――線の具体例として、どんなことを挙げていますか。 (15点)

● エゾシカが

｜　　　　　　　　　　　　　　　　　｜

③ □□に合う言葉を選び、記号を〇で囲みましょう。 (10点)

ア しかし　　イ また
ウ だから

④ 筆者は、今後どんなことが必要だと述べていますか。 (15点)

｜　　　　　　　　　　　　　　　　　｜

[2] 次の文章を読んで、問題に答えましょう。【50点】

㋐私たち日本人は、ことばを大切にする気持ちが、ほかの国の人にくらべて、かならずしも強いとはいえません。私たちは、歌をつくったり詠んだりするなかで、独自のことば文化を生み出してはきましたが、自分のことばをはっきりと意識し、㋑それに誇りをもつことは、ほとんどありませんでした。長い＊鎖国の間、よその国の人との接触がなかったために、ことばに対する意識が育たなかったためだともいえるでしょう。

＊鎖国…外国との交易を禁止すること。

「ことば」というと、まず英語をはじめ、外国語を思い浮かべがちですが、私たち日本人にとっての「ことば」とは、いうまでもなく、「日本語」です。さまざまな国の人々やことばが入り込み、日本の文化のなかに定着を始めているいま、私たちはまず、日本語を、改めて「ことば」として意識することが必要なのではないでしょうか。

（外山滋比古「わが子に伝える『絶対語感』」〈飛鳥新社〉より）

① ——線㋐とありますが、その理由が書いてある一文を見つけ、初めの四字を書きましょう。（10点）

② ——線㋑「それ」が指す言葉を六字で書き出しましょう。（10点）

③ 日本人にとっての「ことば」とは、何ですか。（15点）

（　　　　）

④ 筆者の考えをまとめます。次の□に合うものを選び、記号を○で囲みましょう。（15点）

・私たち日本人は、□必要がある。

ア さまざまな国のことばが日本の文化に定着し始めていることを意識する

イ 日本語をことばとして意識し、大切にする気持ちを育てていく

ウ 意識的にことばを使いこなすことによって、独自の文化を築いていく

クイズ

[2]で、筆者は日本語を何として意識することが必要だといっているかな？

① 外国語　② 歌　③ ことば

答え ▶ 93ページ

1 次の文章を読んで、問題に答えましょう。

一つ10点【50点】

新聞・テレビなどのメディアが送ってくる情報は、批判的に読み取ることが必要だといわれるのはなぜだろうか。それは、メディアが送ってくる情報には必ず作る側の意図が反映されているからだ。

□、一つのニュースがメディアを通して送られてくるまでには、作り手側の立場や視点、読者層（視聴者層）のちがいによって、情報の取捨選択や切り取り方などが異なってくる。だから、一つのニュースでも大きく変わってくるのだ。

つまり、一つのメディアの伝える情報だけをうのみにしていたのでは、その情報の「真実」や「現実」のある一面しかとらえていない場合が出てくるのだ。

私たちは、メディアの情報が真実や事実を再構成したものであるということを十分理解したうえで、自分自身の判断を加えながら読み取ることが大事だと思う。

① ――線とありますが、その理由に当たる部分を三十三字で見つけ、初めと終わりの三字を書き出しましょう。

（両方できて）

[　　　　] 〜 [　　　　]

② □に合う言葉を選び、記号を○で囲みましょう。

ア そして　　イ だが
ウ 例えば　　エ だから

③ 一つのメディアの伝える情報だけを受け取っていると起こってくる問題点を述べた文を一つ見つけ、初めの三字を書き出しましょう。

[　　　　]

④ メディアの情報の読み取り方について、筆者の考えをまとめましょう。

● メディアの情報が、

（　　　　　　　　　　）

であることを理解し、

（　　　　　　　　　　）を加えながら読み取ることが大事だ。

クイズ

情報の送り手は何かな？

① 読者（視聴者）
② 自分自身
③ メディア

答え 🔵 93ページ

2 次の文章を読んで、問題に答えましょう。 【50点】

（梶村洋太郎『回復力 失敗からの復活』講談社現代新書 1979「講談社」）

---

① 線㋐「これ」とは、どんなことを指していますか。線㋐「これ」が指している言葉を、文中から書き出しましょう。 〔15点〕

② 線①「頑張れ」と声をかけた人は、どんな言葉を文中から五字で書き出しましょう。 〔10点〕

③ 失敗した人に「頑張れ」と声をかけた結果、どうなると述べていますか。合う言葉を五字で書き出しましょう。 ウ〇で囲みましょう。記号を選び、 〔10点〕

    ア
    イ
    ウ

④ 失敗した人への対処のしかたとして、筆者はどのように考えていますか。合う言葉を十字で考えて書きましょう。 〔15点〕

    　　　のを待つほうだ。

28 説明文［標準］

筆者の考えをとらえよう④

目標 10分　　月　日　得点　　点

1 次の文章を読んで、問題に答えましょう。

一つ10点【50点】

　動物の中で、オトナが大いに遊ぶのは人間だけだ。遊びというのは、対等な仲間関係の中で成立するものである。社長と平社員が碁(ご)をする。二人は碁というルールの中で対等につきあっているのであって、そこでは会社での上下関係は消失している。ごますりに社長に勝ちをゆずるようなことがあれば、㋐それはもう遊びではない。

　人間世界では、仲間との遊びを忘(わす)れたコドモがふえている。社会性は観念ではなく、身体の接触(せっしょく)かぶつかりあいを通じて会得(えとく)するものだ。コドモのときに※感得する㋑社会性をゆがめられて育った子は、独善的(どくぜんてき)で創造性(そうぞうせい)の乏(とぼ)しいオトナになってゆくだろう。そして、彼(かれ)らには平等とか対等とか自由とかいった思想が観念的に存在(そんざい)するだけで、大きくなると、㋒※疎外(そがい)された人間に自分をおくことになるだろう。

※感得…深くさとり、知ること。
※疎外…のけものにして近づけないこと。

（河合雅雄「サルの目　ヒトの目」〈平凡社〉より）

① 遊びに関して、人間以外の動物に見られないのは、どんなことですか。

（　　　　）

② ——線㋐とありますが、それはなぜですか。

・（　　　　）な仲間関係がくずれ、会社での（　　　　）が入りこんでしまっているから。

③ ——線㋑のようになるのは、何が原因だと述べていますか。

・あまり遊ばず、身体の接触や（　　　　）が十分ではなかったこと。

④ ——線㋒の内容に合うものの記号を、○で囲みましょう。

ア　人と楽しくつきあっていけるだろうということ。

イ　人とうまくつきあえない人間になるだろうということ。

ウ　人をのけものにする人間になるだろうということ。

2 次の文章を読んで、問題に答えましょう。

一つ10点【50点】

ニホンザルは、知能的には人間にとうていかないっこない。しかし、㋐感情面では根本的なところで疎通しあうところがある。怒り、不安、よろこび、ジェラシー、すねるなど、感情生活はかなり複雑である。しかし、笑うのはかなり高級な行動で、チンパンジーにはわずかに見られるが、ニホンザルにはないし、「悲しみ」になると、動物にはない人間特有の感情であるらしい。

メスどうしが争っている。リーダーが一方のメスをこらしめる。こらしめられたメスは、㋑悪いのは自分ではないということを吹聴するかのように、まわりのメスに向かってほえつき、横にいる自分より弱いメスに攻撃を加える。攻撃を加えられたメスはまた、側の弱いメスにかみつく。こうして、㋒強い者から弱い者への連鎖攻撃がつぎつぎに広がっていく。責任の転嫁であり、てれかくしであり、不安をこうして解消しているのである。

※ジェラシー…やきもち。
※吹聴…言いふらすこと。
※連鎖攻撃…つながりのある攻撃。

（河合雅雄「サルの目　人の目」〈平凡社〉より）

① ——線㋐「感情面では」とありますが、ニホンザルにはない感情面での具体例を二つ、□に合う字数で書き出しましょう。

□こと・□

② ——線㋑のメスのサルのように、自分のしたことを他のせいにする行動を表現した言葉を、文章中から五字で書き出しましょう。

□

③ 強い者からこらしめられたメスは、だれに向かって攻撃するのですか。□に合う言葉を四字で書き出しましょう。

□

④ 筆者は、ニホンザルのメスが——線㋒のような行動をする目的は何だと考えていますか。記号を○で囲みましょう。

ア　自分がリーダーになること。
イ　群れの平和を保っていくこと。
ウ　自らの不安を解消すること。

クイズ
1で、筆者は人間世界で大切なことは何だといっているかな？
① 創造性　② 上下関係　③ 遊び

答え ▶ 93ページ

29 情報を読み取ろう①

1 次の文章と資料を読んで、問題に答えましょう。 〔50点〕

　このグラフは、日本の人口の移り変わりと予測を、年代ごとの割合があい合がわかるように示したものだ。

　グラフによると、人口は二〇〇五年ごろに多くなり、そのあとは□きていることがわかる。

　また、年代ごとの人口の割合をグラフで見ると、二〇〇五年には、六十五歳以上と十四歳以下の人口とが逆転していることがわかる。

総人口(万人)

	65歳以上	15～64歳	14歳以下
2035 (年)	3,781	6,494	1,246
2025	3,677	7,170	1,407
2016	3,459	7,656	1,578
2005	2,576	8,442	1,759
1995	1,828	8,726	2,003

13,000　12,000　10,000　8,000　6,000　4,000　2,000　0

① このグラフは何を表していますか。（　）に合う言葉を文章中から書き出しましょう。 一つ10点(20点)

・日本の人口の（　　　　　）と予測を、（　　　　　）ごとの割合がわかるように示したもの。

② □に合う言葉を選び、記号を〇で囲みましょう。 (15点)

　ア 増えて

　イ 減って

　ウ 増減をくり返して

③ グラフの変化の様子から、現在と比べ将来はさらにどうなると予想できますか。（　）に合う言葉を書きましょう。 (15点)

・十四歳以下の人口に比べて（　　　　　）の人口の割合が増えていく。

「現在」については、二〇一六年を参考にしましょう。

[2] 次の文章と資料を読んで、問題に答えましょう。

一つ10点【50点】

少子高齢化が進むと、生産年齢人口（社会を支える働き手の数）が少なくなるため、㋐ものやサービスを生産する力が低下し、経済が停滞すると考えられている。

また、㋑高齢化によって社会保障関係費（年金や介護保険などにかかる費用）は増えていく。

ところが、少子化によって働き手が減ってしまうので、社会保障制度を維持するためには、保険料を引き上げるなどの対策を立てる必要が生じ、結局は㋒生産年齢人口の負担が増えることになってしまう。

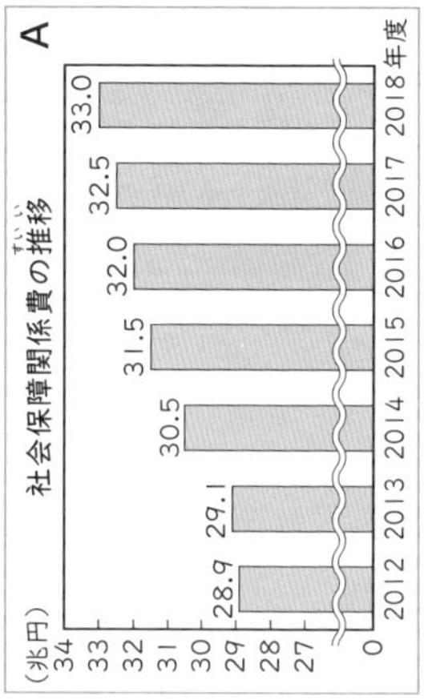
A
社会保障関係費の推移
（兆円）
34
33
32
31
30
29
28
27
0
28.9
29.1
30.5
31.5
32.0
32.5
33.0
2012
2013
2014
2015
2016
2017
2018年度

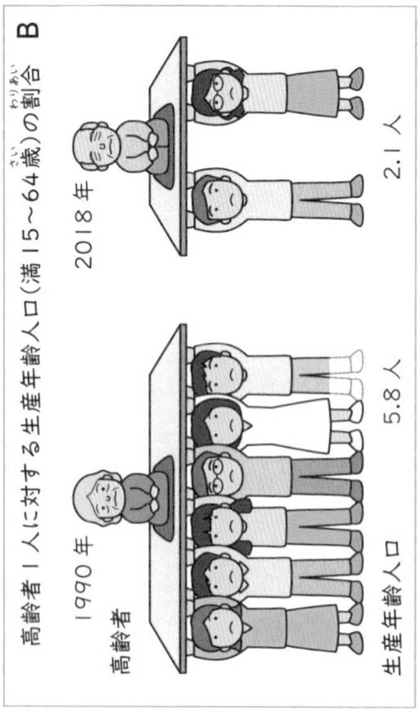
高齢者1人に対する生産年齢人口（満15～64歳）の割合 B
1990年
高齢者
生産年齢人口
5.8人
2018年
2.1人

① 何について述べた文章ですか。記号を○で囲みましょう。

ア 少子高齢化がもたらす利益。

イ 少子高齢化によって起こる問題。

ウ 少子高齢化を止める方法。

② AのグラフとBの図は――線㋐～㋒のどのことと関係がありますか。それぞれ記号で答えましょう。

A…（　　）　B…（　　）

③ 社会保障関係費について、Aのグラフからいえることを一つ選び、記号を○で囲みましょう。

ア 二〇一八年度は二〇一二年度より約四倍に増えている。

イ 二〇一八年度は二〇一二年度より約四兆円増えている。

ウ 二〇一九年度以降も限りなく増え続けると予想できる。

④ Bの図から、どんなことが実感できますか。

・少数の（　　　　）で高齢者を支えていかなくてはならなくなること。

クイズ

[1]・[2]で使われているグラフは、何グラフかな？

① 円グラフ　② 棒グラフ　③ 折れ線グラフ

答え ▶ 94ページ

1 次の文章と資料を読んで、問題に答えましょう。 【50点】

森山さんは、「小・中学生の交通事故の原因」について調べ、わかったことを次の二つのグラフにまとめました。

〈グラフA〉
●交通事故負傷者の状態別割合 （2017年）

10～14歳

合計 14,144人
自転車乗用中 48.7%
自動車乗車中 36.5%
歩行中 14.2%
その他 0.6%

〈グラフB〉
●自転車事故の原因 （上位7種 2017年）

原因	件数
安全不確認	19,959
動静不注視	11,272
交差点安全進行義務違反	10,470
一時不停止	4,703
信号無視	1,680
前方不注意	1,597
優先通行妨害	662

0　5,000　10,000　15,000　20,000 件

① 二つのグラフから読み取れることをもとにして、小・中学生の交通事故を防ぐための考えをまとめます。□に合う言葉を書きましょう。 一つ10点(30点)

●グラフAから、小・中学生の交通事故負傷者の状態別割合は、

□

である場合が最も多いとわかる。また、グラフBから、その原因は、

□

が最も多く、

□

によるものがそれに次いでいることがわかる。

② ①から、小・中学生の交通事故を防ぐためにはどうすることが大切か、考えたことを書きましょう。 (20点)

●自転車乗用中（走行中）は、

1の〈ア〉Bで、事故の原因をいくつ挙げているかな？
① 五　② 七　③ 八

---

2 次の文章と資料を読んで、問題に答えましょう。
[１つ10点/50点]

調和のとれた食事を続けることは、成長し続けている小学生にとって、とても大切なことです。学力・体力から、朝食を食べることとの関係を読み取るための、次のA・Bのグラフには、学力、体力ともに、朝食を欠かさずに食べている人のほうが成長を続けていけるということが読み取れます。

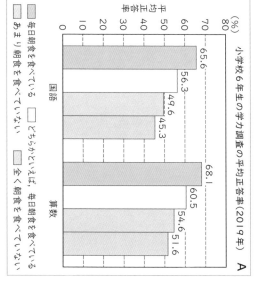

A 小学校6年生の学力調査の平均正答率（2019年）

平均正答率（％）
80　70　60　50　40　30　20　10　0

国語：65.6／56.3／49.6／45.3
算数：68.1／60.5／54.6／51.6

毎日朝食を食べている
どちらかといえば、毎日朝食を食べている
あまり朝食を食べていない
全く朝食を食べていない

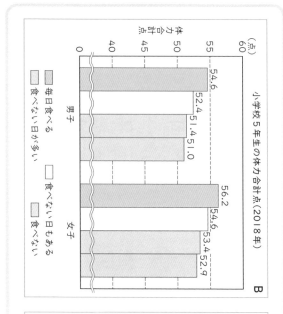

B 小学校5年生の体力合計点（2018年）

体力合計点（点）
60　55　50　45　40　0

男子：54.6／52.4／51.4／51.0
女子：56.2／54.6／53.4／52.9

毎日食べる
食べない日が多い
食べない日もある
食べない

① グラフAから読み取れることを、小学校六年生の朝食・国語・算数の調査の平均正答率からまとめました。（　　　）に当てはまることばを書きましょう。

・小学校六年生で、朝食を食べる回数が減るほど、国語・算数の平均（　　　）

② グラフBから読み取れることを、小学校五年生の朝食・体力合計点からまとめました。（　　　）

・小学校五年生で、男女ともに、朝食を食べる回数が最も多く、（　　　）人が最も

③ 体力、学力がともに高く、（　　　）食べない人が最も

向上させるためには、どのようなことをしたらよいかを、考えさせてください。

情報を読み取ろう③

1 次の文章と資料を読んで、問題に答えましょう。

一つ15点【60点】

　左の絵は、あるスーパーのちゅう車場の様子をかいたものです。「ちゅう車場」としてもよく見かけるものとは、ちょっとちがっていますね。

　実は、この「ちゅう車場」は、車いすを使っている人たちのためのものなのです。

　最近は、公共のしせつ以外にも、このようにいろいろな場所で、だれもが暮らしやすくなるような、いろいろなくふうがされるようになりました。

◎──線「いろいろなくふう」とありますが、上の絵の場所でくふうされていることについて、次の四人が話し合っています。それぞれの発言の（　）に当てはまる言葉をア〜エから選び、記号で答えましょう。

森さん　車いす専用の場所を示す（　　　　）があるので、はなれた所からでもわかるね。

島さん　お店の（　　　　）のすぐ前にあるから、移動が楽だね。

畑さん　車いす専用の場所は、自動車から降りるときに便利なように、（　　　　）との間に場所を空けているね。

谷さん　車いすを使っている人が店の中に楽に入れるように、ちゅう車場と店の前の通路との（　　　　）をなくしてあるんだね。

ア　段差	イ　入り口
ウ　となり	エ　標示

クイズ 2

①の地図で、駅から近いのは、Aの場所②Bの場所どちらかな？

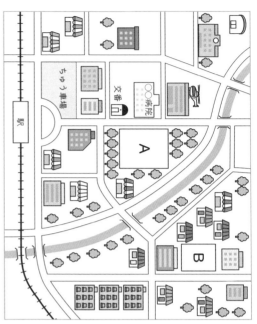

駅　ちゅう車場　○○病院　交番　A　B

・場所A…緑町公園
・場所B…緑町ひろば
広場

討論は、今年も毎年行われる「子どもまつり」の会場について、A・Bどちらの場所にしたらよいか検討しました。討論した結果、Aの場所がよいという意見とBの場所がよいという意見に分かれました。

なおさんが住む緑町では、毎年十一月三日におまつりが行われます。このおまつりは「緑町子どもまつり」といい、緑町に住む人はもちろん、近くに住む人も電車で「子どもまつり」に行くことがあります。電車でも「子どもまつり」に行けるとよいと町...

上の絵地図と見比べてみてね。

はずです。
それには、次のような点があると思います。

[　　]や病院が近いので、Aが安心

便利です。自動車などで来る人にとっては、ちゅう車場もあるので、Aのほうが近くて[　]やちゅう...

町「子ども公園」に決まった場所は、「A」と緑。
比べて、使える空間が広いのは、Bと緑地で...

◎「子どもまつり」の会場は、Aの場所に決まりました。その決まった場所に合う言葉を考えて、次の感想文の[　]に合う言葉を書きましょう。

2

次の文章と資料を読んで、問題に答えましょう。

1つ8点【40点】

32 かくにんテスト④

名前

目標 15分

月 日

得点 点

[1] 次の文章を読んで、問題に答えましょう。【50点】

[1]朝起きてから何をしますか？

[2]きっと、朝起きて、ご飯を食べて学校に行くでしょう。授業を受けて、給食を食べて、学校が終われば家に帰ってゲームをしたり宿題をしたりする。夕食後はテレビを見たり、本を読んだりして、ねむるでしょう。

[3]それらはみんな、自分自身のために使っている時間ではありませんか。ご飯を食べるのも、勉強するのも、遊ぶのも自分のため。ねむることにはもっとも長く時間をかけているはずです。

（略）

[4]お父さんやお母さんは違（ちが）いますね。ご飯をつくったり、お仕事のほかに何かボランティアの仕事をしたりしているでしょう。そのほかにPTA（ピーティーエー）の役員をするとか、いろんなことをしていますね。大人になるとか、働くということは、そういう時間が増えてくるということなのです。

（日野原重明「いのちの授業」〈ユーリーグ〉より）

① [1]〜[3]の段落（だんらく）から、読者に直接問いかけている文を二つ見つけ、それぞれ初めの四字を書きましょう。 一つ5点(10点)

② ——線「そういう時間」について答えましょう。

㋐ 具体的に、どんなことをする時間のことをいっていますか。三つ書きましょう。 一つ10点(30点)

（　　　　）

（　　　　）

（　　　　）

㋑ 「そういう時間」とは、どのような時間だといえますか。記号を○で囲みましょう。 (10点)

ア 自分自身のために使う時間。

イ 他の人のために使う時間。

ウ だれのためでもない時間。

2 次の文章を読んで、問題に答えましょう。

（ここまでのところで、筆者は、「君たちは一日のほとんどを自分のために使っている」と、読者に語りかけています。）

そこで、㋐私は君たちに宿題を出そうと思います。

まず「自分のことばかりでいいのかな」と考えてみてください。次に、一日の中の少しでも、自分以外の人のために、時間を使うことはできないか、よく考えてください。わからなければ、お父さん、お母さんに、自分の時間をどう使っているの？　と聞いてみるといいですね。

そして、君たちがいまの2倍の年齢、つまり二十歳になったとき、もう一度、㋑自分はどんなことに時間を使っているかと、考えてみると約束してください。それは自分のいのちをどのように使うかを、考えるということなのです。二十歳で成人式を迎えるというのは、自分が独りで考えて自分の時間の使いかたを決められる大人になるということです。そのことを㋒自立と言います。

（日野原重明「いのちの授業」〈ユーリーグ〉より）

[書く力] ① ——線㋐とありますが、筆者はみんなにしてほしいこととして、どんなことを挙げていますか。次の二つに分けて書きましょう。　一つ10点【50点】

(1) まず、してほしいこと。

［　　　　］

(2) 次に、してほしいこと。

［　　　　］

② ——線㋑とは、どういうことだと述べていますか。

・（　　　　）をどのように使うかを考えること。

③ ——線㋒「自立」とは、どういうことだといっていますか。

・自分が（　　　　）で考えて、（　　　　）を決められる大人になること。

答え ▶ 94ページ

表現のくふうをとらえよう

1 次の詩を読んで、問題に答えましょう。【10点】

もみじ

高野　辰之

秋の夕日に
照る山もみじ
こいもうすいも
数あるなかに
松をいろどる
かえでやつたは
山のふもとの
すそもよう

（高野辰之「もみじ」より）

◎ 上の詩の表現に当てはまるほうの記号を、○で囲みましょう。

ア 五音の言葉をくり返して、秋の山に夕日がしずんでいくかなしい様子を強めている。

イ 七音の言葉をくり返して、紅葉した山が夕日に照らされている美しさをえがいている。

「秋の夕日に」を
ひらがなに直すと
音数がわかるよ。

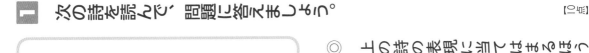

2 次の詩を読んで、問題に答えましょう。1つ15点【30点】

やしの実

島崎　藤村

㋐名も知らぬ遠き島より
流れ寄るやしの実一つ

ふるさとの岸をはなれて
なれはそも波にいく月㋑

（島崎藤村「やしの実」より）

① ——線㋐の意味に合うものの記号を、○で囲みましょう。

ア 名前を知っていた

イ 名前だけ知っている

ウ 名前も知らない

② ——線㋑では、やしの実にどんなことをたずねていますか。記号を○で囲みましょう。

ア 波にのって月へ行くのか。

イ 海面に映る月だったのか。

ウ 海上に何か月間いたのか。

答え ○ 95ページ

4 次の俳句を読んで、問題に答えましょう。

1
赤とんぼ筑波に雲もなかりけり　正岡子規

2
菜の花や月は東に日は西に　与謝蕪村

① 俳句は、五・七・五の□音で作られています。全部で□の十七音。□には漢数字で数字を書きましょう。〔15点〕

② 1・2の俳句の季語と季節を書きましょう。〔1つ20点〕

季語（　　　　　　）

季節　□

「季語」は季節の感じを表している言葉です。

3 次の短歌を読んで、問題に答えましょう。

1
春過ぎて夏来たるらし白たへの衣ほすてふ天の香具山　持統天皇

2
ふるさとの山に向ひて言ふことなしふるさとの山はありがたきかな　石川啄木

① 1の短歌を、□で区切って書きましょう。短歌の形式の音数です。〔25点〕

② 天の香具山──線は、作者のどんな気持ちを書いたものでしょう。記号を○で囲みましょう。〔1つ15点〕

ア 持ち物がなくなって、さがしても見つからない。

イ 昔話をしているうちに、言葉も忘れてしまった。

ウ 囲みが線山へ感動していたようすがうかがえる。

70

34 情景を読み取ろう

1 次の詩を読んで、問題に答えましょう。 [55点]

春

尾上 尚子

梢に
けむりはじめた

たくさんの新芽たち

めを さましたのだ！

㋐
うすみどりの
手をひろげて
空をなでている

㋑
今年の空は いかがですか？

＊梢…木の枝や幹の先の部分。この詩では、「けやき」の木の梢。

（尾上尚子「春」『そらいろのピエロ』《教育出版センター》より）

① この詩の季節はいつですか。記号を○で囲みましょう。 (10点)
ア 早春 イ 春のさかり
ウ 晩春

② 人でないものを人にたとえているのは、第何の連＊ですか。漢数字で答えましょう。
＊連…一行空きで分かれている詩のひとまとまり。
一つ10点（20点）

● 第 ☐ 連と第 ☐ 連

③ ――線㋐は、どんな情景を表していますか。記号を○で囲みましょう。 (15点)
ア けやきの若葉が、強い風にふかれて激しくゆれている情景。
イ けやきのかれ葉が、風がふくたびに枝からはなれて落ちそうになる情景。
ウ 芽をたくさんつけたけやきの枝が、風にそよいでいる情景。

④ ――線㋑は、だれ（何）に問いかけていますか。（ ）に合う言葉を書き出しましょう。 (10点)

● けやきの（　　　　　　　　）。

2 次の詩を読んで、問題に答えましょう。 【45点】

北の春

丸山(まるやま)　薫(かおる)

どうだろう
㋐この沢鳴り(さわなり)の音は
山々の雪をあつめて
ごうごうと谷にあふれて流れくだる
㋑このすさまじい水音は

㋒緩(ゆる)みかけた雪の下から
一つ一つ木の枝がはね起きる
それらは固い芽のたまをつけ
㋓不敵(ふてき)なむちのように
人の額を打つ
やがて　山すその林はうっすらと
[1]に色付くだろう
その中に　早くも
こぶしの[2]花もひらくだろう

朝早く　授業の始めに
一人の女の子が手を挙げた
――先生　つばめがきました

（丸山薫「北の春」『新編　丸山薫全集　1』〈角川学芸出版〉より）

① ――線㋐・㋑の音を、どんな言葉で表していますか。詩の中から四字で書き出しましょう。（10点）

② ――線㋒の情景を説明した文になるように、（　）に合う言葉を[　]から選んで書きましょう。（一つ5点〔10点〕）

● 雪の（　　）でしなった枝が、雪が（　　）、まっすぐにもどる様子をえがいている。

軽さ・重み・とけて・積もり

③ ――線㋓「不敵なむち」とは、何のたとえですか。記号を○で囲みましょう。（15点）

ア　木の枝の固さとするどさ。
イ　木の枝のもろさ。
ウ　木の枝のしなやかな力強さ。

④ [1]・[2]に入る色の組み合わせを選び、記号を○で囲みましょう。（10点）

ア　1緑いろ　2白い
イ　1ももいろ　2赤い
ウ　1黄いろ　2青い

答え ▶ 95ページ

クイズ
2で、うっすらと色づくのは、何かな？
① こぶしの花　② 山すその林　③ 流れくだる水

作者の心情を読み取ろう

1 次の詩を読んで、問題に答えましょう。　　　　　　〔50点〕

貝がら

新美 南吉

かなしきときは
貝がら鳴らそ。
㋐二つ合わせて息吹きこめて。
静かに鳴らそ、
貝がらを。

誰もその音を
きかずとも、
風にかなしく消ゆるとも、
せめてじぶんを
㋑あたためん。

静かに鳴らそ
貝がらを。

（新美南吉「貝がら」『校定 新美南吉全集 第八巻』
（大日本図書）より）

① ――線㋐から、作者のどんな気持ちがわかりますか。記号を〇で囲みましょう。
（10点）

ア　やけを起こしている。

イ　自分をはげましている。

ウ　ひどく落ちこんでいる。

② ふつうの文と語順を逆にして、意味を強めている部分を詩の中から見つけ、書き出しましょう。
（15点）

③ ――線㋑「あたためん」の現代の言い方に合うものを選び、記号を〇で囲みましょう。
（10点）

ア　あたためない

イ　あたためた

ウ　あたためよう

④ 作者は何のために貝がらを鳴らしているのですか。
（15点）

ア　悲しみをやわらげるため。

イ　悲しみにひたるため。

ウ　悲しみをかくすため。

1
① てんとうむしに ② 悲しそうに鳴きながら ③ 苦しんでいます
で、どんなときに、どんな虫が、悲しそうに鳴きながらついているのかな？

2 次の詩を読んで、問題に答えましょう。 【50点】

素直な疑問符
　　　　　吉野　弘

⑦
小鳥に声を
素直な疑問符
小鳥に喜びを
不思議がって
きいてみた　1　2

わからないから
わからないから
わからないから
あけたとり
首をかしげた

⑦
自然は
あれはたしかに
美しい首の
疑問符たち。

　3　4　5　6　7　8

①
時に
風のように
意味不明で鳴る
耳のに
私も
不明な
訪れる
小鳥の首であり
私であり。

　9　10　11　12　13　14

※素直な…すなおな自分を見せているかのよう。
※自然…ここでは自分をとりまくものぜんたい。

（『吉野弘詩集』素直な疑問符「理論社」より）

(1) ──線⑦の小鳥の姿を、作者は何にたとえていますか。その小鳥の姿をえがいている行はどこですか。その行の番号を答えましょう。(15点)

　□行目

(2) ──線①の内容に合うものを次々から一つ選び、記号で答えましょう。(15点)
ア 知らないことを○○で話しかけられた人が、周囲に合わせてしまやすいということ。
イ 自分だけでは解決できなかった疑問も、人と話し合うことで自然と答えが出てくるということ。
ウ 出会うたびに、次々と苦しみやなやみが生まれてしまうということ。

(3) この詩で作者の最も言いたいことが表現されている行は、続いた二行です。その二行の番号で答えましょう。(20点)

　□・□行目

※「意味不明」に注目。

36 短歌・俳句を読もう

1 次の短歌を読んで、問題に答えましょう。 【50点】

1　金色のちひさき鳥のかたちして銀杏ちるなり夕日の岡に　与謝野晶子

2　駒とめて袖打ちはらふかげもなし佐野のわたりの雪の夕暮　藤原定家

*駒…馬。　*かげ…物かげ。　*さののわたり…佐野(さの)のわたし場。

3　東海の小島の磯の白砂に
　　われ泣きぬれて
　　かにとたはむる　石川啄木

4　ひまはりは金の油を身にあびてゆらりと高し日のちひささよ　前田夕暮

① 1の短歌では、何のどんな様子を「金色のちひさき鳥」にたとえていますか。短歌の中の六字の言葉を書き出しましょう。(12点)

② 2の短歌のとちゅうで、意味が切れるところはどこですか。一つ選び、記号を○で囲みましょう。(12点)

ア 「駒とめて」のあと。

イ 「袖打ちはらふ」のあと。

ウ 「かげもなし」のあと。

エ 「さののわたりの」のあと。

③ 3の短歌で、作者の感情が最も強く表れている句を書き出しましょう。
*句…短歌の中で一定の音の数からなるひと区切り。(14点)

（　　　　　　　）

④ 4の短歌では、遠近法を使って何を強調していますか。記号を○で囲みましょう。(12点)

ア 金色のひまわりの花のゆったりした大きさ。

イ 真夏の太陽の思いがけない小ささ。

ウ ひまわりと太陽とのあまりの大きさ。

2 次の俳句(はいく)を読んで、問題に答えましょう。【50点】

1 名月をとってくれろと泣く子かな　小林(こばやし)一茶(いっさ)

2 菜の花の中へ大きな入り日かな　夏目(なつめ)漱石(そうせき)

3 分け入っても分け入っても青い山　種田山頭火(たねださんとうか)

4 夏河をこすうれしさよ手にぞうり(ぞ)　与謝(よさ)蕪村(ぶそん)

① 五・七・五の定型に合わない俳句を一つ選び、番号を書きましょう。(12点)

（　　）

② 次の㋐・㋑の季節をよんだ俳句を一つずつ見つけて□に番号を書き、（　）にその季語を書き出しましょう。(両方できて一つ7点(14点))

㋐ 春 □ （　　）

㋑ 秋 □ （　　）

③ 2の俳句の情景に合うものを選び、記号を○で囲みましょう。(12点)

ア 菜の花がさびし気にさく野の向こうに、大きな夕日が見える。

イ 真っ黄色な菜の花畑に、真昼の太陽が照りつけてまぶしい。

ウ 一面に広がる菜の花畑に、燃えるような夕日がしずんでいく。

④ 4の俳句の——線から何がわかりますか。記号を○で囲みましょう。(12点)

ア 新しいぞうりを手にして、喜んでいること。

イ 冷たい川の水の中に、はだしで入ったこと。

ウ 手にぞうりをつけて、川の中の岩を、つたいながらわたったこと。

クイズ

1・2で、五・七・五・七・七の音数で作られているのは、どちらかな？

① 短歌　② 俳句

答え ▶ 95ページ

37 かくにんテスト⑤

名前

目標 15分

月　日

得点　　点

1 次の詩を読んで、問題に答えましょう。【45点】

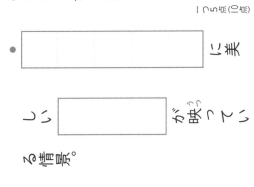

① 第一連は、どんな情景を表していますか。□に合う言葉を、詩の中から書き出しましょう。 一つ5点(10点)

・（　　　　）に美しい（　　　　）が映っている情景。

② 「ぼく」は、イナゴにとって何ですか。詩の中の言葉で答えましょう。(10点)

（　　　　　　）

③ 第二連の㋐「エンジンをかけたまま」は、イナゴのどんな様子を表していますか。(10点)

ア 注意をおこたらない様子。

イ 油断している様子。

ウ 気がゆるんでいる様子。

④ 第三連の㋑「川のように流れる／イネのにおい」は、ぼくとイナゴとをどうしていますか。(15点)

ア 包みこんでいる。

イ へだてている。

ウ つないでいる。

イナゴ

まど・みちお

はっぱにとまった
イナゴの目に
一てん
もえている夕やけ

でも　イナゴは
ぼくしか見ていないのだ
㋐エンジンをかけたまま
いつでもにげられるしせいで…

ああ　強い生きものと
よわい生きもののあいだを
㋑川のように流れる
イネのにおい！

（まど・みちお「イナゴ」『まど・みちお　全詩集』〈理論社〉より）

2 次の短歌と俳句を読んで、問題に答えましょう。 55点

1　みちのくの母のいのちを一目見ん一目みんとぞただにいそげる
*みちのく…今の東北地方。

2　くれなゐの二尺伸びたる薔薇の芽の針やはらかに春雨のふる
*くれなゐ…あざやかな赤色。
*二尺…約六十センチメートル。一尺は約三十センチメートル。

3　山路来て何やらゆかしすみれ草

4　痩せ蛙まけるな一茶これにあり

1　斎藤茂吉
2　正岡子規
3　松尾芭蕉
4　小林一茶

(1) 次の文は1～4の短歌か俳句のどれについて書かれたものですか。□の中から一つずつ選んで、記号で答えなさい。

• 死にゆく母に会いに行こうと、全言葉を賞し、生きているといふことに、近づきの強い思いがつづられている作品。 [15点]

• 作者が死にいそいでいるといふことを、□の中の五音の言葉から一つ選んで書きなさい。 [□]

• 作者の「よくぞ書いた」といふことを、二回返しに表現されている。 [□ 10点・20点]

② 2の短歌で、作者が「よくぞ書いた」ということをうらやましく思っている様子が書かれている二つを書きぬきなさい。

• 薔薇の（　　　　　　　　）がふくらんでいる様子。

• （　　　　　　　　　　　）。

③ 3の俳句で、――線の意味をあとから選び、記号で○で囲みなさい。 [10点]

ア　ベールで不思議な囲みをしたい
イ　知らぬひとをさがしたい
ウ　もっとひかれる

④ 4の俳句で、――線の意味を次の文から選び、記号で○で囲みなさい。 [10点]

ア　弱いもので○○ではまらない
イ　温かいもので○○囲まれない
ウ　痩がくちゆえに作者のよびかけに対する共感

• 季語が「薔薇」で、季節は春である。
• 季語が「春雨」で、季節は冬である。 [10点]

38 まとめテスト①

名前　目標 15分　月　日　得点　点

1 次の文章を読んで、問題に答えましょう。【50点】

「急に胸(むね)が苦しくなってきて、とたん、胸の中で、赤い実がはじけたの。」

あの夏の夜、千代(ちよ)*とふとんにもぐりこんで、いろいろな話をした。そのとき千代は、[　]、一夫(かずお)くんのことをいいだしたのだ。同じクラスの一夫くんの横顔に夕日が当たったしゅん間、千代の胸の中で、赤い実がはじけたというのだ。

*千代…綾子(あやこ)のいとこ。

「不思議なのよ。一夫くんとは小学校もいっしょでしょう。同じクラスになったことはなかったけど、それまで毎日のように顔を合わせていたのに、そんなことなかった。それが、㋐とつ然――。」

それから千代は、一秒だって一夫のことを忘(わす)れたことはないの、といった。

中学一年になった千代は、一年前の夏会ったときにくらべて、話しかけにくいほど大人っぽくなっていた。

「綾(あや)ちゃんも、いつか赤い実がはじけるわよ。そしたら教えてね、地しんみたいにとつ然来るんだから。」

㋑そういって千代は、まぶしいような笑顔(えがお)をうかべた。

〈名木田恵子「赤い実はじけた」〈PHP研究所〉より〉

① [　]に合う言葉を選び、記号を○で囲みましょう。（10点）

ア　なつかしそうに

イ　おもしろそうに

ウ　はずかしそうに

② ――線㋐の「――」の部分を言葉で表すと、どうなりますか。文章中の言葉を使って書きましょう。（15点）

〔　　　　〕

③ 赤い実がはじけたあとの、一夫くんに対する千代の気持ちが表れた言葉を書き出しましょう。（15点）

〔　　　　〕

④ ――線㋑には、千代のどんな気持ちが表れていますか。（10点）

ア　新しい経験をした心の高まりと晴れやかさ。

イ　大人になったという自信。

ウ　綾子に自まんできることができたという満足感。

[2] 次の文章を読んで、問題に答えましょう。

〔綾子は、苦手なタイプである同級生の哲夫の家「魚進」へ買い物に行く。哲夫が店を手伝っていた。〕

「今はサヨリもうまいぞ。もう少ししたらカツオだな。」

「くわしいのね。」

魚を受け取り、代金をはらいながら、綾子ははじめて哲夫を正面から見た。

「おれ、魚好きだからな。」

哲夫の目はきらきら光っている。

「食っちゃうなんてかわいそうな気もするけど、どうせなら、おれはこんなにうまいんだぞって、魚にいばらせてやれるような、日本一の魚屋になりたいんだ。」

そのときだ。㋐綾子の胸が急に苦しくなってきて、特大のパチンが来たのは――。

綾子は胸元をおさえると、さよならもいわずにかけだしていた。

「魚進」で買ったおさしみに、おとうさんはとても満足したようだ。

「今日のは、特にうまかった気がするよ。」

「そうでしょう。このアジのたたき、わたしの友達が作ったんだって。」

綾子は、㋑自分の声が大きくなっていくのを感じた。

〈名木田恵子「赤い実はじけた」〈PHP研究所〉より〉

【50点】

① 生き生きとしている哲夫の表情がよく表れている一文を見つけ、初めの五字を書きましょう。（10点）

② ――線㋐が表していることを選び、記号を○で囲みましょう。（10点）

ア 夢をもっている哲夫にうらやましさを感じたこと。

イ 積極的な哲夫が、ますます苦手に思えたこと。

ウ 哲夫を異性として意識していることに、気づいたこと。

③ 綾子が、自分の気持ちの変化にとまどいを感じていることは、どんな行動からわかりますか。（15点）

④ ――線㋑のときの綾子の気持ちを選び、記号を○で囲みましょう。（15点）

ア わざわざ「魚進」へ行ったかいがあったと、満足している。

イ 哲夫が作ったさしみをほめられ、自分のことのようにうれしい。

ウ 自分が選んださしみが喜ばれて、得意になっている。

答え ▶ 96ページ

39 まとめテスト②

名前

目標 15分

月　日

得点　　点

1 次の文章を読んで、問題に答えましょう。【50点】

陸上でくらす動物は、手足を飛ぶことでなく、より生きのこりにつごうよい歩き方をするためにそれぞれ変化させました。

まずウマを見てみましょう。

足の骨(ほね)からわかることは、ウマのひづめは中指の先で、㋐ウマは中指一本をぴんとのばして立っているということです。

㋑ほかの指は、進化するうちに失われてしまったのです。これも肉(にく)食獣(しょくじゅう)から逃(のが)れるために速く走れる手足を手にいれなければならなかったのでしょう。かかとを一度地面につけて走るより、つま先だけで地面をけって、前にすすんだほうが、余分な動きをしないですみ、速いのです。

たとえばウマのように一本指で立っているものを、一は※奇数(きすう)なので、奇数のひづめをもつなかまという意味で㋒奇蹄類(きているい)とよびます。

※奇数…2で割り切れない整数。

(山本省三「ヒトの親指はエライ!」『ふしぎ・おもしろ・科学入門』〈講談社〉より)

① 陸上でくらす動物は、何のために手足を変化させてきたのですか。(15点)

〔　　　　〕

② ——線㋐とありますが、このようになったのは、なぜですか。一つ5点(15点)

・(　　　)から逃れるために、かかとを一度地面につけることなく、(　　　)だけで前にすすんだほうが、(　　　)をせずに速く走れるから。

③ ——線㋑「ほかの指」とは、どの指のことですか。(10点)

・□□以外の指。

④ ウマが——線㋒「奇蹄類」のなかまに入るのは、なぜですか。(10点)

・□□□□□をもっているから。

2 次の文章を読んで、問題に答えましょう。 【50点】

あなたがたは、ピクニックにいったり、海水浴にいったりした時、自分が食べたり飲んだりしたあとのゴミを、ひとつのこらずきれいに、家に持ち帰っていますか？ビニール袋（ぶくろ）一まいぐらいならいいや、と思って、風に飛ばされたふくろを拾いにいかなかったことはありませんか？

しかし、この㋐いつまでもくさらないゴミをみんながすてると、それはたいへんな量になります。そしてこれは、㋑自然に生きる動物たちに、大きな被害（ひがい）をあたえています。日本では野生のニホンカモシカの胃袋（いぶくろ）にビニール袋が入って死んでいたり、死んだ白鳥の腹（はら）のなかにビニール袋がつまっていたこともあります。海辺の岩場へいくと、つり人がすてたプラスチックのつり糸のきれはしがあみの目のように、岩や海草にからみついています。水鳥がこれによく足をからませます。

（藤田千枝「ゴミのはなし」〈さ・え・ら書房〉より）

① 第一段落（だんらく）は、文章全体でどのような役割（やくわり）を果たしていますか。記号を○で囲みましょう。（15点）

ア 読者のとりそうな行動を示し、反省をうながしている。

イ 読者に問いかけることで、筆者自身の考えを提示している。

ウ 読者に自分自身の行動を思い出させ、問題提起に導いている。

② みんながゴミをすてることの、何が問題だといっていますか。（10点）

● 少しずつでもみんながすてれば、（　　　　）になること。

③ ――線㋐の具体例を、文章中から二つ、書き出しましょう。 一つ5点（10点）

（　　　　）

（　　　　）

④ ――線㋑とありますが、被害を受けている例としてどんな動物を挙げていますか。三つ書きましょう。 一つ5点（15点）

（　　　　）（　　　　）

（　　　　）

答え ▶ 96ページ

40 まとめテスト③

名前

目標 15分　　月　　日　　得点　　点

1 次の文章を読んで、問題に答えましょう。【50点】

　こどもを育てたり、教育したりするのは、私たち人間だけに与えられた高度な能力のように思われがちですが、じつは㋐そうではありません。動物でも、哺乳動物になると、㋑驚くほどしっかりした教育が行われています。しばしば見られるのは、親が子のそばにいて、生きていくのに必要なことをあれこれ教えるというやり方です。

　ことばでは言えないので、親は子の前で、いちいち、自分でやってみせます。子は、それをまねします。もちろん一度や二度では覚えられませんから、親は、同じことを何度も何度もくりかえします。これを「インプリンティング」つまり、刷り込みといいます。こうして、同じことをくりかえしていると、やがて、子は、親のする通りのことができるようになるのです。

　このインプリンティングの間、親は、子といっしょにすごします。

（外山滋比古「わが子に伝える『絶対語感』」〈飛鳥新社〉より）

① ――線㋐「そうではありません」は、どんな内容を表しますか。（10点）

・こどもを育てたり、教育したりする能力は、（　　　）だけにあるのではないということ。

② ――線㋑とありますが、ある種の動物の親は子に、どんなことを、どのようにして教えますか。□に合う言葉を書き出しましょう。一つ15点（30点）

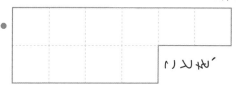

・□□□□□□□□□□ことを、自分で何度も何度も□□□□□やってみせてまねさせ、覚えさせる。

③ ②のような教育のしかたを、何といいますか。九字で書き出しましょう。（10点）

□□□□□□□□□

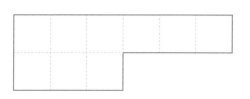

2 次の文章を読んで、問題に答えましょう。【全50点】 二〇点

人は生まれた瞬間から人間らしくなっていくのです。ことばを習得する手段としての人間の教育のようなものは、ほかの動物たちが成熟した状態で生まれてくるのとちがって、人間の赤ちゃんはほぼ未熟な状態で生まれてくるため、トレーニングをできるだけ早いうちにはじめなくてはなりません。トレーニングは生まれてすぐにはじめられます。

というのも、聞いている母親の声は、母親のおなかにいる胎児にもわかり、母親のおなかの中の赤ちゃんの胎内の音に反応しているからです。胎児の耳は発達していて、音を聞いて運動までもします。生まれてもいないのに、音を聞いて運動をします。その音声はいってくるのです。胎児の耳からいってくる教育というわけです。

*胎児＝母親のおなかの中の赤ちゃん。
*聴覚＝音を聞く感覚。

〈飛鳥新社〉
外山滋比古
「人がチーターに伝える」
『絶対語感』

---

① 動物と比べて、人間の赤ちゃんが生まれてくる瞬間は、どんなことなのですか。

　□□□□□ の □□□□□ を始めること。

② ──線「いいといいことだ」とは、どんなことを指していいますか。

　・胎児の赤ちゃんは、（　　　　　）までに発達し、

　・人間の赤ちゃんは、（　　　　　）に生まれてくるため、（　　　　　）はほぼ完全

③ 筆者の主張について、次のア〜ウのうち合うものを一つ選び、記号を〇で囲みなさい。

ア　人間以外の動物は生まれてすぐに立ち上がるということ。〈聴覚〉

イ　人間の感覚をみがくように生まれる。

ウ　人間以外の生物でも、人間に育てられると人間に近づくということ。

だけれど、子どもにトレーニングを学ぶには早く声をかけるだけ数えるだけで、子どもにトレーニングを学ぶには早く声をかけるだけ。

ただ、人間の親は力を入れるべきだ。

まとめテスト④

1 次の詩を読んで、問題に答えましょう。

一つ20点【40点】

ふるさと

犀星星　室生

```
1  雪あたたかくとけにけり
2  しとしとしとしと融けゆけり
3  ひとりつつしみぶかく
4  やはらかく
5  木の芽に息をふきかけり
6  もえよ
7  木の芽のうすみどり
8  もえよ
9  木の芽のうすみどり
```

（室生犀星「ふるさと」
『抒情小曲集・愛の詩集』〈講談社〉より）

① 詩の調子が変わるのは、どこからですか。行の番号で答えましょう。

□ 行目から。

② 雪がゆっくりとけていく様子を、それらしく表した言葉を、六字で書き出しましょう。

[　　　　　　　　　　　　]

③ ——線の言葉の言い切りの形は「もえる」です。この言葉の意味を選び、記号を○で囲みましょう。

ア　草木の芽をつむ。

イ　草木の芽が出る。

ウ　草木の芽を守る。

④ 6〜9行にこめられている作者の気持ちを選び、○で囲みましょう。

ア　木の芽たちよ、自然の厳しさにたえる力をもってほしい。

イ　木の芽たちよ、雪のやわらかさを味わってほしい。

ウ　木の芽たちよ、すこやかにぐんぐん育ってほしい。

2 次の短歌と俳句を読んで、問題に答えましょう。

1　東の野に　かぎろひの　立つ見えて　かへり見すれば　月かたぶきぬ　　　　柿本人麻呂

2　いちはつの　花咲きいでて　我が目には　今年ばかりの　春行かんとす　　　正岡子規

3　梅雨晴れや　ところどころに　蟻の道　　　　北原白秋

4　赤い椿　白い椿と　落ちにけり　　　　河東碧梧桐

【50点】　1つ10点

---

②

① 次の短歌の情景について述べた漢字一字の文の□に当てはまる言葉を、それぞれ書き入れましょう。

・1の短歌は、明け方の野に、ほのかな光が差しているようすと、明け方の □ の上に、月がしずんでいくようすを、ふり返ってみたときのものである。

② 2の短歌の句切れの終わりのところを見つけ、句切れの前の五字を書きぬきましょう。　　意味の切れているところを、切れという。

③ 3の俳句の季語と季節を書きましょう。
（ア）の季語（　　　）　季節（　　　）
（イ）の季語（　　　）　季節（　　　）

④ 4の俳句の鑑賞文として最も適切なものを次から選び、記号を○で囲みましょう。

ア　赤と白の椿にあざやかな落ち花の情景がうかぶ。

イ　規則正しく動きのあるように落ちる椿の情景がうかんでいる。

ウ　赤い椿も白い椿も落ちて、残念な気持ちを表している色。

① 登場人物の心情をとらえよう① 5〜6ページ

1 不安な気持ちになった。

2 ①後から ②イ ③しか

3 ①しゃ面を ②しゃ面を横にすべる方法

4 ①とちゅうで転んで大けがをしていたかもしれない（と思っている）。
②困難に立ち向かう一つの方法。

（クイズ）③

●アドバイス

2 ①「後から」は、「前にした自分の行動をしなければよかったと残念に思うこと」です。

4 ②「少しずつ降りてきた」のは、父が「急がば回れだぞ。」と言って教えてくれた方法です。これによって、かおりは「困難なコース」を無事に降りることができたのです。

② 登場人物の心情をとらえよう② 7〜8ページ

1 いつも・しずんだ

2 ①ウ ②いやだ

3 ①きちんとお別れも言わないまま夏休みになってしまったこと。
②（あやさんに）手紙を書くことにした。

4 ①あわてて
②例 お別れしても、いつまでも仲良しの友達でいよう。

（クイズ）②

●アドバイス

2 ①「頭の中が真っ白になる」は、「何も考えられなくなる」状態を表す言葉です。「夏休みに引っこしをすることになった」というあやさんの突然の言葉に対する反応です。

4 ①引っこしの日ですから、ぐずぐずしていたら、あやさんは、出発してしまうかもしれないのです。

③ 登場人物の心情をとらえよう③ 9〜10ページ

1 ①太陽の光がまばゆかったから。
②まっさかさまに落ちてしまう
③いまにも落っこちそうに、たよりなくふるえながらうかんでゆくように見えた。
④あれは、ひばりの子だ。きっと、はじめて空へ飛び上がったんだ。

2 ①正三は、思わずからだに力がはいった。
②二つの音色・あわてた
③（いきなり）地面に向かって落ちた。
④ひばりの子が落ちて行ったほうに向かって、大いそぎで走って行った（行動）。

（クイズ）②

●アドバイス

1 ①「まばゆい」は、「まぶしい」の意味。

2 ①「がんばれ」と一生けんめい応えんしているので、からだに力がはいるのです。
④落ちて行ったひばりがどうなったか、心配で確かめたかったのです。

④ 登場人物の心情をとらえよう④ 11〜12ページ

1 ①にらみ合ったまま ②イ
③なんというひどいことをするやつだ
④もしも

2 ①ひばりの子・飼っている ②断固として
③例 ひばりの子が麦畑にぶじに帰ったこと（がわかったから）。 ④ほっとした

（クイズ）①

●アドバイス

1 ②三段落の「ひばりの子は……くやしくてくやしくてたまらなく」からわかります。

2 ②正三は「おまえのひばりだと。」と疑ってかかる相手を、きっぱりとおし切っています。

右ページ（上段・右側）

```
も、黒くうつるのです。
だと、判断したから
魚のかげが「青」
④ せなかが黒くなければ、「青」
ように、短い時間にそれを見たから
コップに入れて、水そこの石
あざやかにうかんでいた
そのまま水そこにしずんだ
④ せなかの青を黒くして、飛びこんだ
てっぽうのように
② ③・① 鉄
うつる光が当たる
水面が波立ったため
さざ波の形に見えるため
③ 水面にうつる三
```

```
アドバイス
クイズ
① ウ
④（た）
③ ウ
② とんぼ
① てっぽう
② ③ ④ 鉄
ア イ
① ウ
```

右ページ（下段）

```
道路に雪を出す手を出す
今日、自転車ぎん止
というように、「…に」の
うかべたことを表現した
③ 雪どけと、おどろきを表す
② というように、「…」の
わかれていく様子が表現さ
禁止が解
```

```
アドバイス
クイズ
② ウ
③ ウ
④
1 3
① 地面からよう気が高いため
② 少しずつとけていく
② セーターを外すように
雪がとけていく様子
禁
2 1
今日は、自転車ぎん止の
解
```

左ページ（上段・右側）

```
よ」がかがやいて
「(石=宝石)宝石の
④ おなじく「もえる」
燃える＝燃えつき
② 手がみをおくって
悲しみのために死んだ
「今日、旅に出ます」
その後に注目
③ 線① なつうつの実の言葉から読み取り
② しょうように、しょうようの実
```

```
アドバイス
④ 宝石
③ ウ
② イ
① めした
2 1
① 旅立ちの日
② 燃え
③ ユリュうの実
結
```

左ページ（下段）

```
うつり、三びきのかげ
だけが、水そこに横
線④「黒い「かげ」は
の「置く前の直前の
② おどろきのために首を縮
び」の光が差し、青白く火
のように、夜の三
おとして、水面を
うつる魚をおそう
```

```
アドバイス
クイズ
③
④ なか
② ア
① ウ
2
月の光に青白く
「青」③
2 1
① 例 三びきのかげが水そこに
② ア
③ ア
④ あまり明るい月が
でなかった
1
① ウ・エ
② イ
③ ア
④ 月が水そこにう
つしだされた
```

9 文章の構造をとらえよう① 21〜22ページ

[1] ①金　②イ

[2] ①（右から）3・2・1　②クリスタル

[3] ①ゲンゴロウは、水中で泳ぐために、体がどんなしくみになっているのだろうか。

②二（2）

[4] ①イ　②水面・羽と背中の間

[クイズ] ③

アドバイス

[1] ①三つの段落のどれにも、「金」という言葉が出てくることに注目しましょう。

②「また」は、前のことに並べたりつけ加えたりするときに使うつなぎ言葉です。二段落の「王様の（金の）かんむり」の後につけ加えて、「通貨の役目」の例を挙げています。

[3] ①問題を提示している文の文末は、ここのように、「……か。」など、問いかけの言い方になっているのがふつうです。

10 文章の構造をとらえよう② 23〜24ページ

[1] ①岩石　②火山岩・深成岩〈順不同〉

③れき岩・砂岩・でい岩・ぎょう灰岩・石灰岩・チャート

④変成岩　⑤[1]／[2]　[3]　[4]

[2] ①流れている場所

②㋐大きな　㋑広く　㋒丸み　㋓積もる

③[1]／[2]　[3]　[4]

[クイズ] ①

アドバイス

[1] ⑤まず[1]でこれから説明しようとする話題を提示し、[2]・[3]・[4]でその説明を展開しています。

[2] ②[2]で上流、[3]で中流、[4]で下流の、「川はば」や「石の様子」を説明しています。石の大きさが、しだいに小さくなっていくことに注目しましょう。

③「二つの大きな段落」に分けるのですから、[1]の「話題提示」、[2]〜[4]の「話題にした事がらのくわしい説明」に分けられます。

11 文章の構造をとらえよう③ 25〜26ページ

[1] ①胃液を出してたんぱく質を消化する器官である　②ウ

③ねんまくの再生　④イ

[2] ①石油やガスが広まったこと。

②・いやなにおい　・調整する

・長持ちさせる

③（無数の）細かい穴・フィルター

④このように

[クイズ] ②

アドバイス

[1] ②——線㋑の「ねんまくでおおわれているから」どうなるのかということを補足しているのが——線㋒です。

[2] ②「二つめは、…」「三つめは、…」と、順々に説明していることに気づきましょう。

④「このように」は、それまで述べてきたことをまとめるときに、よく使われます。

12 文章の構造をとらえよう④ 27〜28ページ

[1] ①かわいたさやが反り返ったりねじれたりする力

②(1)子を近くにおいて成長を見守る。

(2)タネを少しでも遠くへとはじきとばす。

③ではなぜ

[2] ①さや・かれ葉にあたる　②イ

③[例]障害物がないとしたら、タネはどのくらい遠くまで飛んでいくのかということ。

④雑木林・のです

[クイズ] ③

アドバイス

[1] ①——線㋐の「タネを……分散させる」は、文章の五・六行目の「タネを飛び出させる」に結び付きます。

[2] ③実験で調べることなのですから、「タネはどのくらい遠くまで飛んでいくのか」だけでは不十分です。「障害物がないとしたら」という仮定の部分は欠かせません。

13 指示語の働きをつかもう① 29〜30ページ

[1] 不思議な形をしたもよう

[2] ①動物や植物・岩石の中　②化石・大理石

[3] ①古代ギリシャの神にささげられる
②紀元三九三年

[4] ①オリンピアのゼウス神でんのとなり。
②短きょり走・走りはばとび・円ばん投げ・レスリング

[クイズ] ③

[アドバイス]

[1] 指し示す言葉（指示語）が指す内容は、その言葉よりも前にあるのがふつうです。

[2] ②二段落の問いに対して、三段落でその答えを述べています。

[4] ①「オリンピア」は、古代ギリシャの都市の名前です。

14 指示語の働きをつかもう② 31〜32ページ

[1] ①縦横に走る　②ウ　③ファスナー
④下ばね・上ばね

[2] ①[例]空を飛ぶ
②はねを持った新しい女王アリと王アリ。
③ざあっと・むしむし
④背中にはねを持った一ぴきの女王アリと、たくさんの王アリ。

[クイズ] ②

[アドバイス]

[1] ①二段落の二文目です。直前で「いちばん原始的なのは、トンボたちのはねです。」といって、続けてその様子を説明しています。
④「これ」は、すぐ前の文の内容を指しています。

[2] ①（　）の後の「とき」に続く形に直す必要があります。指示語の指す内容を答えるときは、書きぬいたままでは不自然になることがあるので、注意しましょう。
③直前の段落の内容です。（　）の前後の言葉に注目してぬき出すようにしましょう。

15 指示語の働きをつかもう③ 33〜34ページ

[1] ①地域によって味つけや入れる具などにちがいがある
②㋑東　㋒西　③エ　④ア

[2] ①階段・客席
②五万人もの人が、みんなできるだけ同じ距離から、競技を見るため。
③大きな野球場や競技場
④まるい

[クイズ] ③

[アドバイス]

[1] ①「その代表的なもの」に注目、「その」が指している内容が、答えに当たる部分です。
②――線㋑・㋒が指している具体的な部分は、㋑「東の地方では、……仕立て」、㋒「西の地方では、……白みそ仕立て」です。

16 かくにんテスト② 35〜36ページ

[1] ①有毒といわれる動物
②（毒ヘビのように）相手にかみついて自分の毒を注入し、相手を倒すもの
③毒ヘビ・ハチ・サソリ・（その他）刺す虫
④毒　⑤[1]　[2]／[3]　[4]

[2] ①自分の体に毒をもっていて、食べられたら相手がひどい目にあうという動物（の例）。
②つまり　③イ

[アドバイス]

[1] ②[2]で、一つ目に「相手にかみついて……相手を倒すもの」、二つ目に「自分が食べられたら相手がひどい目にあうもの」という、二つのジャンルを挙げていることに注目しましょう。
⑤[1]・[2]で「有毒といわれる動物の二つのジャンル」を示し、[3]・[4]では第一のジャンルの動物の具体的な説明をしています。

[2] ②[4]の最後の文の「だから」とまちがえやすいので注意しましょう。「相手をどのようなひどい目にあわせるかという点」ですから「つまり」で始まる文になります。

17 登場人物の関係をとらえよう① 37～38ページ

[1] ①鹿　②腹の中が

[2] ①イ　②利助（さん）・牛・椿の葉

[3] ①ウ

②[例]許してはくれず、子どもをしかるように、さんざんしかりとばした。

[4] ①[例]もう（二人とも）話をしなかった。

②情けない

クイズ ②

アドバイス

[1] ②「ごぼごぼ」は、腹(はら)の中にたまった水がゆれ動いて立てている音です。

[2] ①□のあとに出てくる「てめえの……しまったに。」という地主のきつい言い方にも注目しましょう。

[3] ①とんだことになってしまったおどろきと、どなりつけられたことへのはずかしさです。

[4] ②六・七行目の「気持ちをくむ」は、「相手の立場になって気持ちを考える、思いやる」ということです。

18 登場人物の関係をとらえよう② 39～40ページ

[1] 調子・だまってしまった

[2] ①岩のようにだまっていました

②ほかのもん（みんな）・金

[3] ①人々のためだということを、いろいろと説いた。　②ア

[4] ①利助さんが、夜おそくまでせっせと働くのは、自分だけのためだということ。　②イ

クイズ ③

アドバイス

[2] ①だまりこんでいる利助(りすけ)さんの様子を、じっとして動かない「岩」にたとえています。

[3] ②五・六行目の「利助さんは、もうこんな話はいやだ」の「こんな話」は、「金の話」です。

[4] ②最後の部分の「――こりゃ、人にたよっていちゃだめだ、自分の力でしなけりゃ」から判断しましょう。

19 登場人物の関係をとらえよう③ 41～42ページ

[1] ①もう五十年　②感謝・山の神・帰す

③伝じい・話

[2] ①ブナの木・小さなあな　②熊

③[例]だれもいない山の中で、自分以外のものに出会えてほっとした気持ち。

クイズ ②

アドバイス

[1] ②――線に続く部分からわかります。

[2] ②――線㋐の直前の内容です。この話を聞いて、「おっかながったがあ?（おそろしかったか?）」ときいています。

③――線㋑のすぐ前の「なかま見つけだみたいでよ」や、「小さなあかりがともったみだえな気いした」などが考える手がかりになるはずです。

20 登場人物の関係をとらえよう④ 43～44ページ

[1] ①[例]わたるが、伝じいのすきな山の様子を話して聞かせたから。

②おまえの目玉・じいちゃんに〈順不同〉

③これで思いのこすこともなくなった。

[2] ①木・芽を出す

②[例]（じいちゃんが死んだって、ちっとも）さみしくないのだ

③じぶんの木

クイズ ①

アドバイス

[1] ①は、「わたるに、すきな山の様子を話してもらったから。」という書き方でもよいでしょう。

②伝(でん)じいのこの二つの言葉を受けて、わたるは――線㋑のことを言っています。

[2] ②伝じいの言葉の最後、「んだから、ちっとも、さみしくはねえのよ」に注目。このことを言うために、「じぶんの木」のことを話して聞かせているのです。

21 **主題を読み取ろう①** 45〜46ページ

1
①潮の流れ ②海のめぐみ ③漁師・海 ④ウ

2
①ウ ②イ

③例 与吉じいさが死んでしまったこと。
④例 ウ・ア

アドバイス
① ②ウ ③イ

22 **主題を読み取ろう②** 47〜48ページ

1
①イ ②ウ ③ア ④ウ・ア

2
①例 太一が「海に帰った」と言っていることから、本当に死んでしまったわけではないと考えられる。
②ウ・ア
③例 冷静に向き合い、太一は与吉じいさの言葉どおり、あせらずにもりを打つこともしないでいた。

アドバイス
① ②ウ ③ウ

23 **人物の生き方をとらえよう** 49〜50ページ

1
①気象学者・ ②大陸の西の海岸 ③例 大陸が移動しているということ。④例 アフリカ大陸と南アメリカ大陸の形や、古代の化石や植物などの分布が一致しているから。

2
①イ ②ウ ③ア

アドバイス
①ウ ②ウ

24 **かんテスト③** 51〜52ページ

1
①ア・エ ②イ ③ウ

2
①南アメリカ大陸 ②地球物理学者

アドバイス
① ②イ

1
①同じ横に ②去年の横顔が

2
①例 一年生の間に ③ウ ④ウ ⑤例 去年の横顔が

アドバイス
①出 ③い ④ウ

25 筆者の考えをとらえよう① 53〜54ページ

[1] ①サッカーの試合　②失敗すること

[2] ①[例]ボールをける方向をまちがえる。／強くけりすぎて相手にボールを取られる。
②失敗をしたときに、「なぜ失敗したのか」「どうすればよかったのか」を考え、次に生かすこと。

[3] ㋐自分でいろいろ調べてみること。
㋑他の国をおとずれること。

[4] 知らない・不思議な・一つずつ答えを見つけていく〈一つ目と二つ目は順不同〉

クイズ　②

アドバイス

[1] ②最終文の文末が、「……ありませんか。」と、問いかけの形になっています。

[3] 二段落の内容を二つに分けて答えるようにしましょう。

26 筆者の考えをとらえよう② 55〜56ページ

[1] ①狩猟・禁止
②[例]森林や草地にある好みの植物を食べつくしたこと。　③イ
④人間とエゾシカが共存するための、新しい関係づくりを進めていくこと。

[2] ①長い鎖国　②自分のことば
③日本語（「日本語」）　④イ

クイズ　③

アドバイス

[1] ③□の後は、前の「森林の環境」の例に加えて述べているのでイ「また」になります。
④それまでの段落の内容を受けて、最終段落で考えをまとめています。

[2] ①――線㋐に続く文で、――線㋐の具体例を挙げ、次でその理由を述べています。
④問題の□をふくむ文が、二段落の内容をまとめたものだということに気づきましょう。二段落の二つ目の文に、筆者の考えがまとめられています。

27 筆者の考えをとらえよう③ 57〜58ページ

[1] ①メディ・るから　②ウ　③つまり
④真実や事実を再構成したもの・自分自身の判断

[2] ①[例]失敗した人に向かって、「もっと頑張れ」と声をかけること。　②ウ
③失敗した人　④エネルギーが回復する

クイズ　③

アドバイス

[1] ①――線の直後で理由を説明していますが、字数の制限があるので注意しましょう。
②□で始まる二段落は、一段落の具体例を示しています。
③二段落で、「作る側の意図が反映されている」具体例を挙げ、それによって生じる問題点を次の段落で述べています。

28 筆者の考えをとらえよう④ 59〜60ページ

[1] ①オトナが大いに遊ぶこと。
②対等・上下関係
③ぶつかりあい　④イ

[2] ①笑う・悲しみ　②責任の転嫁
③弱いメス
④ウ

クイズ　③

アドバイス

[1] ③――線㋑の直前の文で、「社会性は……身体の接触かぶつかりあいを通じて会得するものだ。」と述べています。
④ウとまちがえやすいので注意しましょう。「疎外」は、「のけものにして近づけないこと。」ですが、――線㋒でいっているのは、「疎外された人間（＝のけものにされた人間）」ですから、ウの「人をのけものにする（＝疎外する）」とは逆です。

[2] ②リーダーにこらしめられたメスは「横にいる自分より弱いメス」を、そのメスは、また「側の（自分より）弱いメス」を攻撃するということです。

29 情報を読み取ろう① 61〜62ページ

[1] ①移り変わり・年代
②イ
③六十五歳以上

[2] ①イ
②A㋑　B㋒
③イ
④生産年齢人口

[クイズ] ②

[アドバイス]

[1] ②は、グラフの二〇〇五年ごろ、③は、グラフが、右にいくにしたがってどうなっているかに注目しましょう。

[2] ③二〇一八年度の三十三兆円から二〇一二年度の二十八・九兆円を引くと、その差は約四兆円になります。

④高齢者を下で支えている人数を見比べてみましょう。

30 情報を読み取ろう② 63〜64ページ

[1] ①自転車乗用中・安全不確認・動静不注視
②[例] 安全をよく確かめ、周りへの注意をおこたらないことが大切だと思う。

[2] ①[例] 毎日食べている・低く
②[例] 毎日食べる・低く
③[例] 朝食を毎日きちんと食べるようにする。

[クイズ] ②

[アドバイス]

[1] ①・②事故の原因となっていることを防げばよいのですから、グラフBで原因としてあがっている事がらに注目しましょう。

[2] ①・②どちらもグラフに示してある言葉に注目して答えましょう。

③「学力」「体力」ともに、朝食を毎日食べている人のほうが、「学力」で正答率が高く、「体力」でも合計点が高いという点から考えましょう。朝食を毎日きちんと食べることですこやかに成長していくことができ、学力・体力ともにアップするというわけです。

31 情報を読み取ろう③ 65〜66ページ

[1] （順に）エ・イ・ウ・ア

[2] [例] （順に）広い・家・駅・電車・交番

[クイズ] ①

[アドバイス]

[1] どのくふうも、車いすを使って、車から降りたり車に乗りこんだりするときに便利なものばかりです。あなたが住んでいる地域のスーパーにも同じような車いす専用のちゅう車場がないか、確かめてみましょう。

[2] いずれも、□や□□の前後の言葉が手がかりになります。同じ内容なら、表現がちがってもかまいません。

32 かくにんテスト④ 67〜68ページ

[1] ①朝起きて・それらは〈順不同〉
②㋐[例] ご飯をつくる時間。／ボランティアの仕事をする時間。／PTAの役員をする時間。〈順不同〉
㋑イ

[2] ①⑴[例] 「自分のことばかりでいいのかな」と考えてみること。
⑵[例] 一日の中の少しでも、自分以外の人のために、時間を使うことはできないか、よく考えること。
②自分のいのち
③独り・自分の時間の使いかた

[アドバイス]

[1] ①文末の言い方に注目しましょう。

②㋑アの「自分自身のために使う時間。」については、[2]段落で例を挙げています。ウについての説明はありません。

[2] ①二段落の初めの「まず」、それに続く文の「次に」と、してほしいことを順に挙げていることに目を向けましょう。

③――線㋒の前の「そのこと」は、直前の一文の内容を指していることをとらえましょう。

33 表現のくふうをとらえよう 69～70ページ

[1] イ

[2] ①ウ　②ウ

[3] ①春過ぎて・夏きたるらし・白たへの・衣ほしたり　②ウ

[4] ①五・七・五　②季語…赤とんぼ　季節…秋

[クイズ] ②

[アドバイス]

[1] 「あきのゆうひに（七音）」「てるやまもみじ（七音）」「こいもうすいも（七音）」「かずあるなかに（七音）」というように、七音の言葉がくり返されています。

[2] ②「なれ」は「おまえ」という意味。ここでは「やしの実」のことです。「そも」は、現代語の「それにしても」です。

[3]・[4] 短歌は「五・七・五・七・七」の三十一音、俳句は「五・七・五」の十七音から成り立っているのが定型です。[4]②「季語」は、季節感をよく表している言葉です。

34 情景を読み取ろう 71～72ページ

[1] ①ア　②二・三　③ウ　④新芽（たち）

[2] ①ごうごう　②重み・とけて
③ウ　④ア

[クイズ] ②

[アドバイス]

[1] ①第一連の「たくさんの新芽たち」に注目しましょう。

②第二連の「めを　さました」、第三連全体に使われています。

③「空をなでている」なので、ア「激しくゆれている」は当てはまりません。

[2] ③まだ固い芽をつけた木の枝が、しなやかに勢い強く曲がる様子です。ア・イのようならば、「はね起きる」ことができません。

④**1**は「山すその林」、**2**は「こぶしの花」をくわしくする言葉です。春が来てうっすらと緑色になった山すその林に、こぶしの白い花がさくだろうと想像しているのです。

35 作者の心情を読み取ろう 73～74ページ

[1] ①イ　②静かに鳴らそ（、）／貝がらを。
③ウ　④ア

[2] ①8　②イ　③13・14

[クイズ] ②

[アドバイス]

[1] ①詩全体から考えるようにしましょう。アは「静かに鳴らそ」に合いませんし、「貝がらを鳴らそう」と行動しているのですから、ウも適切とはいえません。

②ふつうの語順なら、「貝がらを／静かに鳴らそ」となります。

④第二連の「せめてじぶんを／あたためん。」に注目。自分の心をあたためることによって悲しみを少しでもやわらげようとしていることがわかります。

[2] ②・③「意味不明な訪れ」に注目。生きていると、わからないことや納得できないようなことに出会うことがあります。そんなとき、わかったようなふりをせず、素直にわからないと言える人間でありたいというのです。

36 短歌・俳句を読もう 75～76ページ

[1] ①銀杏ちるなり　②ウ
③われ泣きぬれて　④ア

[2] ①**3**　②㋐**2**・菜の花　㋑**1**・名月
③ウ　④イ

[クイズ] ①

[アドバイス]

[1] ①「銀杏」の葉の形を思いうかべましょう。その葉が散っていく様子を、小鳥にたとえているのです。

②「馬をとめて袖（の雪）をはらう物かげもない。」で、いったん意味が切れます。

[2] ①**3**の俳句は「分け入っても／分け入っても／青い山」で、六・六・五のリズムです。

④ぞうりをぬぎ、ほてった足を冷たい水の中に入れたここちよさをうたった句です。

② 肉食獣・イ・ウ・先・余分な動き
① よりよく生きていくために、むだな動きをする

② 新しい経験を「千代」が付けくわえたことによって、赤い実が結ばれたように、特別な体験をして「経験」が身についたということ。

アドバイス

1 ウ
2 ① 胸② 例胸の中③ （の）④ イ
3 ① 秒— ④（哲未の目は） 2 ① ウ ② ア③ ④ イ

2 ① 哲未は、昔、胸の中にある赤い実が……
② 例胸の中の赤い実がふくらんだように感じられたこと。

3 ③ 未来を意識しているから。
④ イ

アドバイス
わたしたちはたえず行動しているが、だれもが、元気にふるまっているわけではない。

1 ① ナ・イ・タ・コ・目・イ
② 強い
3 ③ アみん④ イ

2 ① イ③ ④ コナ・針の芽② タ
③ ウ ④ イ

アドバイス

1 ① ナイ・タコ・目② 強いもの
2 ① ウ② 芽の針③ みかん④ イ・イ・春雨

---

2 ③「プレイ」は「聴覚以外の感覚」を確かめること。

アドバイス
1 ウ
2 ① こと② 習得・母親の聞いている音

3「プレイ」は「指示語のそ」で、直前の内容を指しています。

アドバイス
1 ① 人間
2 ① イ② ウ③ エ
④ プレイ・人間として必要な・へんか

1 ① 読み取る② 最終段落の内容
④ 付箋が取り出しやすい

2 ① 最終段落で、四段落の内容に注目して問題が結びついています。

アドバイス
1 ① 中指
2 ② たんぽぽのたねくらべ③ ヒヨドリ・白鳥・水鳥〈同順〉④ ビニール袋・カラスの糸〈同順〉④ 奇数のおめでたい
